BICHOS

BICHOS

Luz María Chapela y Roberto Rojo
Traducción al náhuatl de Alonso López Mar

NOS
TRA
EDICIONES

Bichos

Luz María Chapela
Roberto Rojo

Primera edición: Producciones Sin Sentido Común, 2023
    Pleamares 54, colonia Las Águilas,
    01710, Ciudad de México

Traducción al náhuatl: Alonso López Mar
Insumos teóricos: Roberto Rojo y Leticia Aréstegui Durán
Asesoría: Raquel Ahuja Sánchez
Diseño: Gabriela Cabrera Rodríguez
Ilustración: La Máquina del Tiempo, Leonel Sagahón,
    María Eugenia Lucero y Santiago Solís
Fotografía: Fernando Urbina Torres, Víctor Hugo Luja, H. Bahena,
    M. Armando Burgos y Nuria Lagarde de Lira
Investigación iconográfica: Isabel Guerrero

ISBN: 978-607-8756-84-1

Impreso en México

Índice

Presentación

El mundo de los bichos –o de los animales que caben
en la palma de una mano– es sutil, variado, inquietante,
colorido, intrigante, y está lleno de admirables sorpresas.
Los bichos son seres prodigiosos.

Si de belleza se trata, las abejas fabrican auténticos
diamantes de sol para albergar a sus crías. El colibrí es la
sonrisa alada de la selva. La grana cochinilla se convierte
en una hermosa fuente de escarlata. Los ajolotes
milenarios nos invitan a conocer formas alternativas
de la estética. El alacrán no deja a nadie indiferente
cuando aparece señorial, mientras la mariposa, flor
del viento, pasea su ligereza por los campos.

Hablemos con brevedad de las capacidades de los
bichos. Para los saltos dobles con alto grado de dificultad
no hay quien iguale a las garrapatas. En medio de la noche
más oscura, los murciélagos se orientan con sonares.
La hormiga puede ser la nodriza más tierna y la guerrera
más fiera. El grillo conmueve al cielo con su canto y le
pide que llueva, mientras las ranas, que tienen puesta su
esperanza en este canto, saltan con las primeras gotas
y se convierten en las reinas sonoras del húmedo verano.

Y mientras esto ocurre, el caracol gigante, en su
concha, atrapa todos los sonidos del mar para
contárnoslos luego y, con sus giros en espiral, nos
recuerda que el tiempo ondula y vuela en muchas
direcciones y que jamás se detiene.

De esto y de otras cosas te habla este libro. Te invita a conocer aspectos biológicos de algunos bichos con la propuesta de que tú investigues los de otros. También te cuenta cómo, en las distintas culturas, los mismos bichos tienen lugares diferentes. En algunas culturas, la tarántula es un ser temido, en otras, es una mascota. Para algunas culturas las abejas son simples productoras de miel, para otras, son las almas de los muertos o las palabras floridas que emanan del espíritu humano.

En México viven más de 60 pueblos indígenas, cada uno de ellos con una lengua propia y una manera particular de dar significado al Sol, la Tierra, el agua, la luz, las plantas o los animales. Este libro tiene la intención de invitarte a conocer las distintas formas de significados culturales que también se le dan a algunos bichos, para que tú, por cuenta propia, descubras otros. También te invita a reflexionar acerca del mundo indígena contemporáneo.

Cuando las personas, en sus mentes y en sus corazones, con inteligencia y afecto, reúnen y relacionan los significados de distintas culturas con los significados de su cultura propia, establecen una relación intercultural.

Las relaciones interculturales vinculan dos o más significados diferentes sobre un mismo ser o un mismo objeto. Por eso, permiten a las personas ver a estos seres y objetos enriquecidos con múltiples significados. Así, gracias a la relación intercultural, la abeja puede ser al mismo tiempo productora de miel, alma y palabra. La abeja se enriquece ante tus ojos cuando recibe sentidos diversos y tú te enriqueces también porque amplías tus horizontes, tus puntos de vista, tus conceptos, tus ilusiones, tus posibilidades.

Para que conozcas la escritura de algunas lenguas indígenas, presentamos los prólogos de cada bicho escritos en náhuatl y en español y presentamos los nombres de los bichos escritos en otras lenguas indígenas. El náhuatl usado en los prólogos corresponde al alfabeto práctico que algunos hablantes utilizan, que es un tanto diferente al alfabeto tradicional; por ejemplo, conforme al alfabeto práctico, su lengua se llama y escribe *naua*.

Te invitamos a disfrutar de estas páginas en un sentido biológico y también en un sentido intercultural. Tal vez la lectura de este libro te haga sentir ganas de salir en busca de otros seres de la naturaleza para conocer sus características biológicas y también para investigar acerca de los significados que les da tu cultura y de los significados que les dan otras culturas diversas.

Sería importante que estas investigaciones las acompañaras platicando con tus compañeros sobre todas tus observaciones, porque el diálogo nos permite comprender mejor las cosas y tomar conciencia de nuestros pensamientos y porque, al platicar, las personas podemos mostrar a otros rasgos de nuestras propias culturas familiares y comunitarias: maneras de saludar y despedirse, de celebrar los cumpleaños, de pasar los domingos, de reunirse con los primos, tíos y abuelos, de recibir al año nuevo o de festejar la llegada de un recién nacido, por ejemplo.

Este camino puede llevarte (tal vez sí, tal vez no) a la preparación de un libro propio que hable de los seres o los objetos de tu entorno y de los significados que les asigna tu cultura, junto con los significados de otras culturas. Si preparas este libro, no olvides hacerlo por duplicado, para que conserves tú un ejemplar y puedas regalar el otro a quien prefieras. Porque, para convertirte en autor, no basta con escribir, ilustrar y encuadernar un libro: es necesario que lo eches a volar, que lo compartas, para que otros te lean y conozcan tus ideas, tus destrezas y tus significados.

Te deseamos buena lectura y buena charla intercultural.

Íconos

 vive en la tierra

 camina sobre patas

 vive en el agua

 se arrastra

 nace de huevo

 vuela

 sufre metamorfosis

 salta

 migra

 nada

 es ponzoñoso

 en peligro de extinción

Abeja
Neksayolij

Asidua visitante de las flores

Después de 2005, las colonias de abejas a nivel mundial comenzaron a desaparecer, primero en Europa y después en otros lados. A esto se le llamó el *problema del colapso de colonias*. En algunos sitios se llegó a perder hasta el 50% de las colonias causando un gran impacto a la economía. Hasta el momento se desconocen las causas de este acontecimiento, aunque se han propuesto varias teorías al respecto, desde una pandemia de ácaros, hasta el uso de teléfonos celulares. El hecho es que la salud de las abejas ahora es un tema que interesa cada vez a más y a más gente, ya que hoy somos conscientes de que las necesitamos mucho.

Las abejas

Amigas de las flores, capaces de distinguir colores
y perfumes y de seleccionarlos a su antojo, las abejas
viven con esa extraña libertad que consiste en hacer
con decisión lo que hay que hacer y hacerlo bien.
Tal vez aprendieron a construir sus celdas contemplando
al diamante; tal vez robaron el dorado de la miel al sol
del mediodía; tal vez les enseñaron a volar,
en tarea compartida, el águila, el colibrí y la mariposa.
Nadie puede saberlo. Lo cierto es que, a pesar
de su agudo aguijón que todos conocemos, son muchos
los que se llenan de optimismo al escuchar su vuelo.

Neksayolij

*Iniuaya mouika xochimej uan kiixmati intlapalyo uan
inajuiyakyo uan ueli kintlapejpenia san kej kineki,
yanopa inemilis ni neksayolij uan yeka kichiua san tlen
kineki kichiuas uan kualtsij onkisa. Uelis momachtij
kexejxeloua ipanal kemaj kiitak kenijkatsajtik nopa
istaktekpatl, uelis kiixkopinilij tonatij itlapalka nektli
ipan tlajkotona, uelis sansejko kimachtijkej kuajtli, uitsitsilij
uan papalotl kenijkatsaj patlanis. Amo uelis tijmatisej.
Tlen kena melauak, maskij temajmatij itlatsopinka, tlauel
tiyolpakij kemaj tikinkakij patlantinemij.*

Ficha taxonómica

Nombre científico	*Apis mellifera* (abeja europea) *Melipona beecheii* (abeja maya)
Familia	*Apoidea*
Orden	*Hymenoptera* (alas membranosas)
Clase	*Insecta*
Phylum	*Arthropoda* (animales con patas articuladas)
Reino	*Animalia*

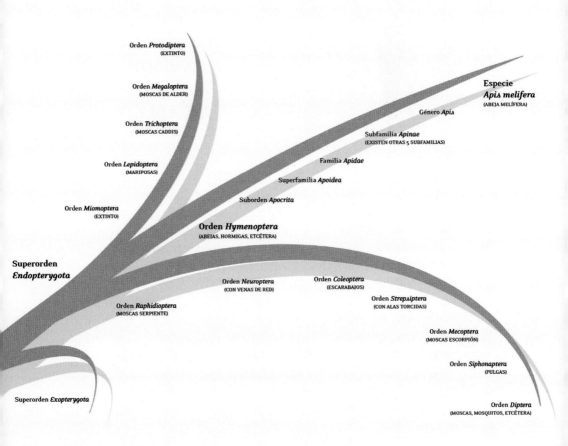

Orden *Protodiptera*
(EXTINTO)

Orden *Megaloptera*
(MOSCAS DE ALDER)

Orden *Trichoptera*
(MOSCAS CADDIS)

Orden *Lepidoptera*
(MARIPOSAS)

Orden *Miomoptera*
(EXTINTO)

Superorden
Endopterygota

Orden *Raphidioptera*
(MOSCAS SERPIENTE)

Superorden *Exopterygota*

Orden *Hymenoptera*
(ABEJAS, HORMIGAS, ETCÉTERA)

Suborden *Apocrita*

Superfamilia *Apoidea*

Familia *Apidae*

Subfamilia *Apinae*
(EXISTEN OTRAS 5 SUBFAMILIAS)

Género *Apis*

Especie
Apis melifera
(ABEJA MELÍFERA)

Orden *Neuroptera*
(CON VENAS DE RED)

Orden *Coleoptera*
(ESCARABAJOS)

Orden *Strepsiptera*
(CON ALAS TORCIDAS)

Orden *Mecoptera*
(MOSCAS ESCORPIÓN)

Orden *Siphonaptera*
(PULGAS)

Orden *Diptera*
(MOSCAS, MOSQUITOS, ETCÉTERA)

El árbol filogenético de la abeja

En el árbol filogenético, la misma rama que dio origen a la abeja dio origen, entre otros, a los siguientes tres bichos: abejorro, avispa y hormiga.

Lo que nos dicen las culturas

feroz
trabajadora
solidaria

LA ABEJA

Algunos nombres de la abeja en lenguas indígenas

Ngúnú, en mazahua; *hoga sefi,* en hñähñu; *mum,* en tsotsil; *mum,* en tseltal y *kab,* en maya.

Una abeja sin aguijón

En la región maya, hay una abeja que no tiene aguijón y que produce una delicada miel que hizo famosos a los mayas antiguos que llegaron a ser los más grandes apicultores de Mesoamérica. Esta abeja pertenece a la especie *Melipona beecheii* y los mayas la llaman, según las regiones, *xuna'an-kab, kolel'ab* y *po'ol-kab.*

El dios de las abejas

Las abejas forman parte de la vida de algunos pueblos mayas. Tienen un dios llamado *Ah Muzenkab,* el dios de las abejas. Durante los meses de *tpec* (noviembre) y *mol* (diciembre), los apicultores mayas celebran fiestas dedicadas a este dios, para que la producción de miel nunca cese.

Cuatro adivinanzas tradicionales

1

Zumba que te zumbará,
van y vienen sin descanso,
de flor en flor trajinando
y nuestra vida endulzando.

2

Mi picadura es dañina;
mi cuerpo, insignificante,
pero el néctar que yo doy
te lo comes al instante.

3

Aunque no soy florista
trabajo con flores
y por más que me resista
el hombre disfruta
el fruto de mis labores.

4

De celda en celda voy,
pero presa no soy.

Una nueva vida

Los mayas prehispánicos fueron los más importantes apicultores de Mesoamérica.

Como muchas de las abejas comunes en las localidades indígenas mesoamericanas hacían sus panales debajo de la tierra, las comunidades asociaron a las abejas con los poderes de las fuerzas oscuras y desconocidas del subsuelo. Relacionan a las abejas con lo que nace, con lo que brota, con la fertilidad. Piensan que las abejas deben retornar a la Tierra cuando mueren, para revivir en un tiempo futuro, porque la vida se construye a partir de cosas muertas. Por eso, entierran a todas las abejas muertas que encuentran en su camino.

Otras culturas del mundo

En el antiguo Egipto se relacionaba a la abeja con el rayo y era considerada un ser de origen solar, pues nació de las lágrima que *Ra*, el dios solar, dejó caer sobre la Tierra. En China, la abeja se asocia a la guerra. En algunos lugares de la India, significa la búsqueda del conocimiento. En algunas culturas de África, Siberia y América del Sur, representa el alma cuando ha dejado el cuerpo en el que habitaba. Para los celtas, la miel con agua garantiza una larga vida a quienes la beben. Los hebreos la consideran símbolo del lenguaje. Y para los filósofos clásicos, la abeja es símbolo de la elocuencia, la poesía y la inteligencia (por ser tan elocuentes, de Píndaro y Platón se dice que "las abejas se posaron sobre sus labios en la cuna"). Y hay un proverbio tradicional que dice: "Las palabras son como las abejas, tienen miel y aguijón".

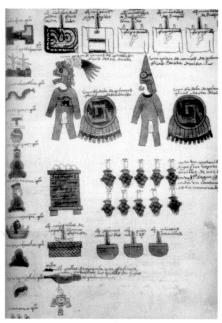

La miel era un importante tributo, según lo ejemplifica el Códice Mendocino.

Moneda de cambio

Los mayas clásicos usaban la miel para endulzar todo, porque gustaban de su sabor y porque no conocían la caña de azúcar que llegó a América con los españoles. A la miel la llamaban *kaban* y fueron los más grandes productores en toda América Central. Era tanto el aprecio que tenían por la miel que, además de venderla como producto, la usaban como moneda de cambio, con ella compraban semillas de cacao y piedras preciosas y pagaban tributos cuando tenían que hacerlo.

Bebidas

Los mayas elaboran un vino hecho con miel y con corteza
del árbol llamado *balché* que, tradicionalmente, beben
los varones, mientras que las mujeres beben *zak-ha*, bebida
que se prepara con maíz, leche y miel.

Medicina

Para muchas culturas indígenas
y mestizas, el veneno
de la abeja combate la artritis y
las enfermedades reumatoides.
La miel se usa contra las molestias
de la garganta, la gripe, los
padecimientos de los ojos,
los golpes y moretones y también
para combatir la debilidad
en general.

Lo que nos dice la Biología

Organización social

Si queremos hablar de las abejas, primero, tenemos que hablar de su organización social. Las abejas viven en comunidades, con leyes, con rutinas y con una estricta distribución del trabajo.

A la reina le corresponde poner los huevecitos y por eso se le llama *la reina madre*. Los zánganos tienen la tarea de fecundar a la reina madre. Y las obreras son las encargadas de todo lo demás: armar las celdas del panal y mantenerlas limpias, cuidar los huevecitos y alimentar a las larvas mientras crecen; hacer miel y salir en busca de prados con flores atractivas para traer néctar y polen. El néctar es una fuente de energía y el polen les ofrece proteínas.

El vuelo nupcial

Todo empieza en un vuelo: el vuelo nupcial de la reina madre. Cuando llega el tiempo de la reproducción, la reina madre (que es la única abeja fértil del panal) emprende un vuelo largo, alto y sostenido. Los zánganos salen volando detrás de ella, pero muchos no resisten, se cansan y dejan de perseguirla. Finalmente, uno solo de los zánganos la alcanza y la fecunda.

Poco después de regresar al panal, la abeja reina está en condiciones de poner huevecitos en las celdas del panal para que nazcan nuevas abejas. Cuando la reina deposita en las celdas huevecitos que no han sido fecundados, nacen zánganos; cuando deposita huevos fecundados, nacen obreras.

Del huevo a la larva, a la pupa y a la abeja

Los huevecitos se convierten en larvas. Las obreras alimentan a las larvas regurgitando dentro de sus celdas néctar y polen. Después, las mismas obreras cierran con cera las celdas y allí dentro la larva realiza la metamorfosis para convertirse en abeja. La larva dentro del capullo se llama *pupa*. Para salir de la celda, la futura abeja se abre camino comiéndose la cera. Si las larvas fueron alimentadas con néctar normal, se convierten en obreras. Pero si fueron alimentadas con *jalea real*, se convierten en reinas.

Los aguijones

Están conectados a una bolsa con veneno que inyectan al animal o a la persona que pican. Generalmente, las abejas son pacíficas, sólo pican cuando alguien las molesta. Cuando pican, mueren porque, como el aguijón está conectado a la glándula y al saco de veneno, cuando se alejan, estas estructuras se les salen del cuerpo y las abejas mueren. Para una abeja, picar es morir.

Transformación

Como en una colonia sólo hay una abeja fértil y ella es la única encargada de poner huevecitos, los cuerpos de las abejas obreras sufren una transformación: las estructuras diseñadas para poner los huevos se transforman en afilados aguijones que les permiten defender el panal y sus alrededores.

Ajolote
Axolotl

Orgullosamente mexicano

Hace unos años, el ajolote no era tan famoso, sin embargo, poco a poco se ha conocido más. Esto fue gracias al trabajo de científicos y divulgadores, pero, principalmente, a imágenes de ajolotes blancos (albinos o leucísticos), que llamaron mucho la atención de la gente, al grado de que, incluso, tuvieron un Pokemón® dedicado a la especie. Peluches, memes y un billete mexicano llevan a este tan interesante y pintoresco anfibio. Los ajolotes blancos son rarísimos en su ambiente natural; en realidad, son de tonos oscuros, lo que les permite mimetizarse más con su entorno. ¡Debemos cuidar mucho a este nuevo emblema mexicano!

El ajolote

Hasta donde parece y de acuerdo con las investigaciones,
el ajolote tiene su origen en los antiguos canales de
Xochimilco, lugar de las chinampas y las trajineras:
es orgullosamente mexicano. Es capaz de producir
un torbellino acuático con sólo abrir su inmensa boca.

Con su extraña figura, reta a todo aquel que dice
que la belleza es una y sólo una. Sufre metamorfosis,
pero no siempre; también puede permanecer como
es a lo largo de toda su vida. ¿Será acaso que este
diminuto y extraordinario animal nació y vive simplemente
para comprobar que en este mundo todo puede ocurrir
y que aún nadie ha dicho la última palabra?

Axolotl

*Momati, pampa motejteemojtok, para ni axolotl moyolitij
kampa uajkaapamej axochtinij tlen Xochimilko altpetl,
kampa onkaj chinampamej uan akalsakanij: tlen melauak
mexkoeuanij. Nopa axolotl tlaj kiontlapos ueyi ikamachal
kichiua se ueyi amomolotstli. Tlen itlakayo keuak techijlia
para amo onkaj san se yekixneskayotl. Kemantika kipatla
itlakayo uan kemantika san ijkia mokaua. Uelis ni pilyolkatsij
tlakatki pampa kineki techijlis para ipan ni tlaltipaktli nojuaj
panos miak tlamantli pampa amo nochi motlamiltijtok.*

Ficha taxonómica

Nombre científico	*Ambystoma mexicanum*
Familia	*Ambystomatidae*
Orden	*Urodela*
Clase	*Amphibia*
Phylum	*Chordata*
Reino	*Animalia*

Subclase *Labyrinthodontia*
(EXTINTA)

El árbol filogenético del ajolote

En el árbol filogenético, la misma rama que dio origen al ajolote dio origen, entre otros, a los siguientes tres bichos: tritón, salamandra y achoque.

Orden *Caudata*
(AXOLOTES Y SALAMANDRAS)

Familia *Ambystomatidae*

Género *Ambystoma*

Orden *Gymnophiona*
(CECILIAS)

Especie
Ambystoma mexicanum
(AXOLOTE)

REINO ANIMAL

Phylum Chordata
(EXISTEN ALREDEDOR DE 27 Phyla MÁS)

Clase *Mammalia*
(MAMÍFEROS)

Subphylum Vertebrata

Clase *Synapsida*
(REPTILES PARECIDOS A MAMÍFEROS)

Clase *Amphibia*
(Anfibios)

Clase *Sauropsida*
(REPTILES EXTINTOS)

Subclase *Lepospondyli*
(EXTINTA)

Clase *Aves*
(AVES)

Subclase *Lissamphibia*

Orden *Allocaudata*

Clase *Osteichthyes*
(PECES CON HUESOS)

Clase *Chondrichthyes*
(PECES CARTILAGINOSOS)

Orden *Anura*
(RANAS Y SAPOS)

29

Lo que nos dicen las culturas

Del charco a la tierra, pero únicamente cuando falta agua

EL AJOLOTE

Así hablaba Fray Bernardino de Sahagún, en 1565, cuando se refería a los ajolotes

"Hay unos animalejos en el agua que se llaman *axololt*, tienen pies y manos como lagartijas, y tienen la cola como anguila y el cuerpo también; tienen muy ancha la boca y barbas en el pescuezo. Es muy bueno de comer, es comida de señores."

Axolotl, nombre náhuatl del ajolote

Axolotl, en náhuatl, quiere decir "monstruo del agua", "muñeco de agua", "esclavo del agua", "duende del agua" y "perro del agua". No es que el ajolote sea feo, es que es poco común, algo extraño. Existe un dicho popular que dice "eres feo como ajolote". El lector, después de conocer al ajolote, dirá la última palabra.

Una leyenda ancestral

Los dioses mexicas habían creado todos los astros, pero éstos no se movían, no tenían lucimiento. Entonces, los dioses (que eran eternos y podían morir y renacer todas las veces que quisieran) pensaron que con su muerte podrían dar movimiento a los astros. Decidieron entre todos que *Ehecatl*, el dios del viento, sería el encargado de hacer los sacrificios.

Leyenda náhuatl

Había dos dioses gemelos. Uno, sabio, hermoso y valiente, era
Quetzalcoatl; el otro, feo, oculto y lleno de miedo, era *Xolotl*.
Los dioses murieron uno a uno. Cuando llegó su turno,
Xolotl huyó y se escondió en la milpa tomando la forma
de un maíz. Pero *Ehecatl* lo descubrió. *Xolotl* volvió a escaparse
y se escondió en un magueyal tomando la forma de una penca
grande. *Ehecatl* también lo encontró ahí. *Xolotl*, sintiéndose
perdido, saltó al agua y se convirtió en ajolote. Fueron sus poderes
de transformación los que lo salvaron.

Como los astros no se movían, *Ehecatl*, el dios del viento,
se echó a soplar con fuerza infinita y así logró que se
movieran los astros en el cielo. Desde entonces, para
recordar a los dos hermanos, al astro Venus, los *mexicas*
lo llamaron, por las mañanas, *Tlahuizcalpantecuhtli*,
el señor de la casa de la Aurora y, por las tardes, *Xolotl*.

*La estrella vespertina
y matutina.*

Gastronomía

Como está en peligro de extinción, la pesca del ajolote está prohibida. Sin embargo, hasta hace unos pocos años, el ajolote se comía con frecuencia en sopas y guisos y en tamales preparados con carne de ajolote y chile seco.

Una actividad retratada por Sahagún fue la vida cotidiana; la comida era parte fundamental de las relaciones sociales.

Medicina

De acuerdo con la medicina tradicional, el ajolote ayuda a curar enfermedades respiratorias, como el asma y la bronquitis, y los médicos tradicionales preparan con él pomadas, infusiones y jarabes. Se considera que el caldo de ajolote es bueno para niños que tienen problemas de desnutrición.

Peligro de extinción

Muchos de los cuerpos de agua en los que habitan los ajolotes se están secando, lo que pone en peligro su vida. Estos animales también enfrentan otros peligros como la contaminación del agua, la caza excesiva o la introducción de especies nuevas a los cuerpos de agua en los que viven y que se deleitan comiendo ajolotes. En respuesta, algunos investigadores nacionales estudian el ciclo reproductivo del ajolote, para propiciar su multiplicación en condiciones favorables.

Animales de laboratorio

Por sus características particulares, desde hace más de 150 años, los ajolotes se han convertido en uno de los animales más utilizados en los laboratorios de toda la historia, en muchos países del mundo.

No son renacuajos

Mucha gente confunde a los ajolotes con los renacuajos, pero son diferentes. Como lo puedes leer en el capítulo dedicado a las ranas, los renacuajos son estados juveniles de las ranas y, por lo mismo, eventualmente perderán su cola y saldrán a la tierra saltando sobre poderosas patas. En cambio, los ajolotes nunca perderán su cola. En todo caso, los ajolotes estarían más relacionados con las salamandras que con los renacuajos.

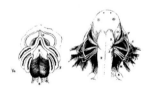

Lo que nos dice la Biología

Son del agua y de la tierra

Los ajolotes son animales que nacen en el agua y luego, después de sufrir una metamorfosis, salen a la tierra. Sin embargo, como veremos adelante, algunos ajolotes nunca salen del agua.

Su cuerpo

Los ajolotes adultos miden alrededor de 25 cm; tienen una gran cabeza redondeada con una boca muy grande. Cuando están en el agua, tienen una poderosa cola aplanada que les sirve para impulsarse. Su cuello es corto; su tronco es robusto y tienen cuatro pequeñas extremidades que les sirven para desplazarse en el fondo del agua. Cuando salen a tierra, estas patas apenas les permiten caminar, porque son cortas y débiles.

Sentidos y respiración

Tienen ojos pequeños y una visión mala. Se guían principalmente por su olfato. Cuando son larvas y viven en el agua, respiran por branquias externas que parecen árbolitos que brotan del cuerpo del ajolote y que tienen delicadas ramas. Para salir del agua, desarrollan pulmones y pierden las branquias.

Alimentación

Tienen una boca muy grande. Cuando están en el agua y pasa una presa, abren de golpe su bocaza y producen una succión que jala a las presas al interior del ajolote. A los seres pequeños les resulta imposible escapar a esta formidable succión.

Una larva para siempre

En el grupo de los ajolotes, hay un proceso de metamorfosis cuando se convierten en adultos y tienen cambios físicos, esto ocurre en la mayoría de los casos. Pero hay una excepción: en el centro de México (en la capital y en los estados de Veracruz, Puebla, Estado de México, Morelos, Michoacán y Colima), a lo largo de cientos de años, se formaron grandes cuerpos de agua que no desaparecieron con las sequías, como el caso de los famosos canales de Xochimilco, entonces, los ajolotes que vivían ahí, como siempre tenían agua, no se vieron obligados a madurar, es decir, a producir pulmones y a cambiar sus colas. Estos ajolotes aprendieron a reproducirse sin madurar, en sus formas larvarias. Esto es un fenómeno extraño en la biología que se conoce como *neotenia*.

Para resistir la sequía

Muchos ajolotes viven en aguas temporales, es decir, cuerpos de agua que aparecen con las lluvias y desaparecen cuando llega la sequía. Cuando el agua empieza a evaporarse, las sales se concentran y la tiroides de los ajolotes les envía la orden de madurar de prisa. Entonces, pierden las branquias y empiezan a desarrollar pulmones que les permitirán vivir fuera del agua. También la cola les cambia: antes era aplanada, ahora se vuelve cilíndrica.

Reproducción

Los ajolotes se reproducen cuando baja la temperatura del ambiente. Un ajolote macho y una hembra se cortejan, se acercan uno al otro. Luego, el ajolote macho deposita en el fondo del lago el espermatóforo, que es un triangulito como de gelatina con esperma en la punta. La hembra lo toma y lo coloca ahí cerca, en la vegetación acuática, depositando los huevecillos que salen de su cuerpo, uno detrás del otro, envueltos en una sustancia también gelatinosa. Las hembras llegan a poner hasta mil huevos cada temporada. Los huevecillos entran en contacto con el esperma que los fecunda y, unas semanas después, nacen pequeños ajolotes que no miden más de unos cuantos milímetros de largo.

Alacrán
Kolotl

Atento, nocturno y sigiloso

Mucho se ha avanzado en el conocimiento de los alacranes. Ahora sabemos, según un estudio de 2021, que el alacrán más antiguo que se ha encontrado, *Dolichophonus*, data del periodo Silúrico, ¡hace unos 436 millones de años!, mucho antes de que existieran los dinosaurios, las flores o los mamíferos. Éste era marino, pero un primo terrestre llamado Gondwanascorpio fue uno de los primeros animales en la historia en conquistar tierra firme. Y aunque estos animales son muy antiguos, en años recientes se ha estudiado su veneno, el cual ha probado ser efectivo contra el glioma, un tipo de cáncer cerebral.

El alacrán

No es que alguien lo busque con ganas de encontrarlo, todo lo contrario. Las personas saben bien de qué son capaces los alacranes cuando se lo proponen. Todos tienen algo que decir de él: que es astuto, voraz, peligroso, ágil y escurridizo, tremendamente bravo y ponzoñoso. El alacrán jamás podrá pasar desapercibido. Su presencia es notoria. Cuando, en la noche, hace su aparición levando el aguijón en alto, no hay alguien que permanezca indiferente. Eso es seguro.

Kolotl

Amo pampa se akajya kiteemos para kinekis kiasis, amo yanopa. Touampoyouaj kuali kimatij tlen innemilis ni kolomej. Nochi kipiaj tlen mitstempouilisej para kenijkatsaj kiitaj ni kolotl: ya tlakajkayajketl, tlakuajketl, motlalojketl uan cholojketl, tlauel mosijsinia uan temaua iistlakyo. Se kolotl amo uelis santijkauas pampa nochi kiitaj. Kemaj, ika tlayoua, ualixnesi san kitlalantok itlatsopinilis axuelis san tikitstos, kipia para tlejtleya tijchiuas.

REINO ANIMAL

Phylum Arthropoda
(EXISTEN ALREDEDOR DE 27 Phyla MÁS)

Subphylum Chelicerata

Clase **Pycnogonida**

Clase **Arácnida**

Ficha taxonómica

Nombre científico	*Centruroides limpidus*
Familia	*Buthidae*
Orden	*Scorpiones*
Clase	*Chelicerata*
Phylum	*Arthropoda*
Reino	*Animalia*

Orden **Uropigy**
(VINAGRILLOS)

Orden **Solopugida**
(SOLÍFUGOS)

Orden **Ricinulei**
(RICINÚLIDOS)

Orden **Acari**
(ÁCAROS)

Orden **Schizomida**
(ESQUIZÓMIDOS)

40

El árbol filogenético del alacrán

En el árbol filogenético, la misma rama que dio origen al alacrán
dio origen, entre otros, a los siguientes tres bichos: alacrán de cavernas,
alacrán elegante y escorpión emperador.

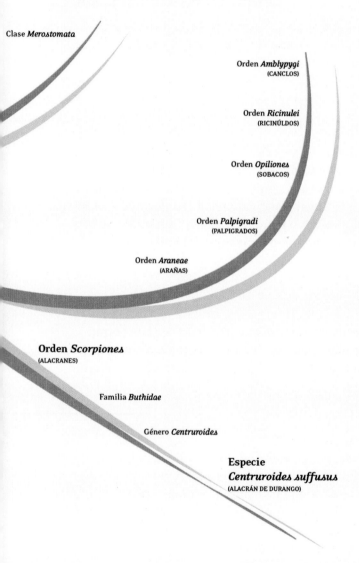

Clase *Merostomata*

Orden *Amblypygi*
(CANCLOS)

Orden *Ricinulei*
(RICINÚLDOS)

Orden *Opiliones*
(SOBACOS)

Orden *Palpigradi*
(PALPIGRADOS)

Orden *Araneae*
(ARAÑAS)

Orden *Scorpiones*
(ALACRANES)

Familia *Buthidae*

Género *Centruroides*

**Especie
*Centruroides suffusus***
(ALACRÁN DE DURANGO)

Lo que nos dicen las culturas

Chao, chao, rabito alzao

EL ALACRÁN

Algunos nombres del alacrán en lenguas indígenas

Síina'an, sina'an, en maya, y *kolotl,* en náhuatl. Colotlán es una población de Jalisco. Como *kolotl* significa "alacrán" y *tlan* significa "lugar", Colotlán significa "lugar donde abundan los alacranes". Hay otro poblado llamado Tecolotán, cuyo nombre significa "señor del lugar de los alacranes". El castellano tomó la palabra del árabe *al'ágrab,* que significa alacrán.

Mal agüero

Algunos grupos zapotecos consideran que los alacranes que entran a la casa anuncian que algo malo va a ocurrir. También piensan que los alacranes son espías que envía el diablo a la Tierra para conseguir noticias de los hombres.

Dios del fuego

Como la picadura del alacrán produce un dolor ardiente, algunos pueblos de Mesoamérica consideraban que era la representación de *Xiuhtecuhtli,* dios del fuego. Simbolizaban a este dios a través del dibujo de un alacrán que despide humo por su aguijón. Cuando los antiguos mexicanos querían dibujar agua caliente, pintaban en ella un alacrán para indicar la ardiente temperatura del agua.

El castigo de *Yaotl*

Cuenta la leyenda que la diosa *Xochiquetzal* era famosa porque tenía la capacidad de seducir a dioses y mortales, provocándoles amor a pesar de su voluntad.

Yappan era un hombre que había hecho la promesa de vivir solo, sin casarse, sentado sobre una piedra, para complacer a los dioses. Al ver la santidad de aquel hombre, *Xochiquetzal* decidió embrujarlo para demostrar su poder.

Yappan sintió amor, se bajó de la roca y se casó con *Tlahuitzin*, una hermosa doncella del poblado. Entonces, *Yaotl* (una de las muchas formas que tomaba en aquellos tiempos el poderoso dios *Tezcatlipoca*), enfurecido porque *Yappan* había quebrado su promesa, les cortó la cabeza y los convirtió en alacranes: a *Yappan* en alacrán negro y a *Tlahuitzin* en alacrán rojoamarillento.

Así fue como apareció sobre la Tierra la primera pareja de alacranes.

Representación de Alacranes según los códices Borgia, Fejérváry-Mayer, Laud y Nuttall.

Colotlixayac

Hay una constelación que representa un alacrán: los antiguos mexicanos la llamaban *Colotlixayac* y la consideraban de muy alta importancia. Esta constelación les indicaba el momento propicio para encender el Fuego Nuevo.

Predicación del Fuego Nuevo con la frotación de los maderos.

El vengador

Cuenta una leyenda griega que Orión intentó atacar a Artemisa, la diosa virgen cazadora (los romanos la llaman Diana). Entonces, Artemisa pidió al alacrán que castigara a Orión. El alacrán picó al agresor en un talón y éste murió. En recompensa, los dioses mandaron al alacrán al cielo, convertido en constelación. A Orión también lo mandaron al cielo, pero delante del alacrán. Por eso, por toda la eternidad, la constelación de *Orión* tendrá que huir, perseguido por la constelación *Alacrán*.

Mictlantecuhtli

Muchos pueblos de culturas diversas relacionan al alacrán con *Mictlantecuhtli*, el dios de las profundidades y de la oscuridad, el dios de los muertos.

Mictlantecuhtli, dios de la muerte, relacionado entre otros animales con el alacrán.

El innombrable

Algunos pueblos de África jamás pronuncian el nombre del alacrán porque, al nombrarlo, desencadenan las fuerzas del mal.

Dios de la caza

Para algunos pueblos mayas, el alacrán es el dios de la caza. Este dato es interesante porque también Artemisa, la diosa griega de la caza, fue vengada por un alacrán cuando Orión intentó atacarla

La peligrosa cola

El segmento posterior del cuerpo (que conocemos como *cola*) se divide en cinco partes que se estrechan hasta terminar en un aguijón puntiagudo. Dentro del aguijón hay glándulas que producen veneno y que están rodeadas por poderosos músculos que los alacranes usan para exprimir el veneno cuando pican.

Picadura mortal

Algunos alacranes que viven en México son sumamente peligrosos. El veneno que tienen cerca del aguijón actúa sobre el sistema nervioso de personas y animales y logra que el cerebro deje de transmitir sus señales al cuerpo, por lo que, ocasionalmente, la víctima muere.

Lo que nos dice la Biología

El más antiguo de la Tierra

De todos los animales terrestres que conocemos, el alacrán
es el más antiguo. Los investigadores han encontrado fósiles
que tienen, aproximadamente, 435 millones de años. Hace muchos
años, algunas de las especies más antiguas eran acuáticas.

Trepan por todas partes

Las patas del alacrán tienen unas uñas que le permiten
desplazarse en el exterior, por plantas, árboles, rocas y
acantilados y, dentro de las casas, por muebles, pisos, paredes
y techos. Esto ocurre en la noche, porque durante
el día los alacranes permanecen ocultos debajo de las rocas,
en la corteza de los árboles, en grietas, en las pilas de leña
de las casas o en los zapatos que nadie está usando.

Equilibran las poblaciones

Como los alacranes son efectivos depredadores, su presencia
es importante para los ecosistemas porque, al comerse una
gran cantidad de bichos, ayudan al equilibrio de las especies.

Danza de la fecundación

Para realizar la fecundación, un alacrán macho busca a
una hembra fértil y la toma con sus tenazas para llevarla
en busca de un sitio ideal para que el macho deposite
una estructura (llamada *espermatóforo*) que tiene una
base, una especie de bolsa llena con esperma y una palanquita
que abre la estructura. Cuando una pareja de alacranes está
buscando el sitio adecuado para colocar el espermatóforo,
se mueve sin soltarse, dando la impresión de que está bailando,
como lo hacen las personas. Esta danza puede
llegar a durar algunas horas.

Fecundación

Una vez que el macho deposita el espermatóforo en el lugar ideal
elegido, mueve a la hembra para que su cuerpo quede encima de
esta estructura. Entonces, la hembra, con el roce de su cuerpo, mueve
la palanquita para que salga el esperma que entra a su cuerpo para
fecundar los huevecillos que ella, por ser fértil, ha preparado.
Los huevos fecundados crecen en el abdomen de la madre
y permanecen ahí por algunas semanas.

Alimentación

En las noches salen a comer. Se alimentan de casi cualquier cosa que tengan a su alcance y que puedan manipular con sus tenazas. Comen otros artrópodos, principalmente insectos y arácnidos y, algunas veces, también comen alacranes. Para comer exprimen a sus víctimas, pero tardan mucho; por ejemplo, un alacrán puede estar más de una hora comiéndose a un escarabajo.

Hábitat

Viven en las regiones templadas y tropicales del mundo, en desiertos, bosques, planicies y selvas. En México, viven en toda la República, con excepción de las cumbres de montaña que tienen nieves perpetuas. En nuestro país se han registrado más de 220 especies. La mayor diversidad de especies en el mundo entero se encuentra en la península de Baja California.

Nacimiento y maduración

Los nuevos alacranes nacen vivos del cuerpo de sus madres. Para asegurar el desarrollo de sus hijos, la madre los carga sobre su lomo. Ahí viven las crías hasta que endurecen su exoesqueleto. La creencia popular que dice que los alacranes bebés se comen a su madre es completamente falsa. Mientras viven sobre la hembra, se alimentan de restos de los huevos que les dieron origen y que arrastran consigo cuando salen del cuerpo de la madre. Una sola hembra puede tener de cinco a cincuenta crías y, en ocasiones, puede tener más.

El cuerpo

Su cuerpo está dividido en prosoma y opistosoma. En el prosoma tienen los quelíceros, pinzas bucales que usan para triturar a sus presas; los pedipalpos, que les sirven para sujetar a sus presas y para unirse cuando se aparean, y cuatro pares de patas.

El opistosoma se divide en:

a) mesosoma, que contiene los pulmones, el corazón, el estómago, los testículos, en el caso de los machos, y los ovarios, en el caso de las hembras.

b) metasoma o cola, en donde se encuentra el aguijón.

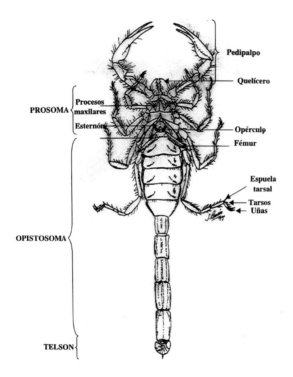

Sus ojos

Los alacranes llegan a tener hasta ocho ojos distribuidos en la parte frontal de su cuerpo. Sin embargo, su vista es, generalmente, pobre. Algunos alacranes de las cavernas han perdido los ojos para adaptarse a la oscuridad en la que viven. Como en general son bastante miopes, en la parte inferior de su cuerpo tienen unas estructuras que parecen peines (se llaman *pectenes*) que les sirven para percibir las vibraciones en la superficie sobre la que se deslizan. Así saben cuando se acerca otro ser que puede ser una presa potencial o un enemigo.

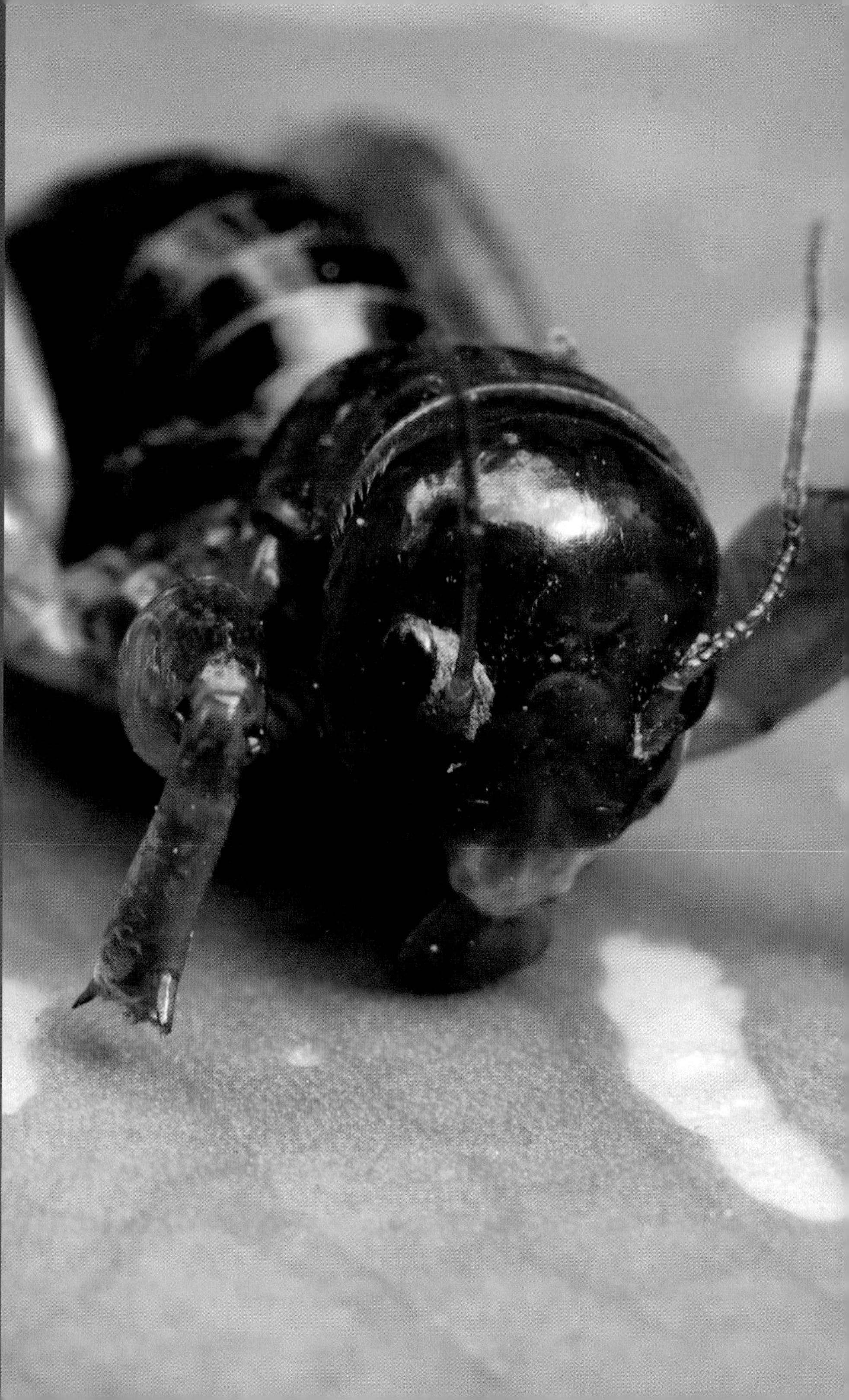

Cara de niño
(*Stenopelmatus fuscus*)

Cara de niño
Tentopitsij

Grillo subterráneo

Antes, mucha gente les temía a los cara de niño, sin embargo, poco a poco ha cambiado la percepción hacia estos fantásticos grillos. Sabemos ahora que en el Pinahuiztle (*Stenopelmatus talpa*), o cara de niño mexicano, las hembras tienden a ser más grandes que los machos y que se alimentan de raíces y otros artrópodos –estos bichos son activos controladores de fauna–. Incluso pueden presentar canibalismo, pero, a pesar de ello y su extraña apariencia, son completamente inofensivos para los seres humanos.

Cara de niño

No es que alguien lo busque con ganas de encontrarlo. Aunque no lo parece, el cara de niño es un gran grillo que no brinca y no canta como todos los grillos. Un día dejó la luz y el viento, cambió los dones de la música y el salto por una sola habilidad: la excavación, que lo convierte en el señor de las regiones oscuras del subsuelo y desde entonces vive en la tierra, a la que pertenece.

Tentopitsij

Maskij amo ijki tikitas, nopa tentopitsij keuak se ueyi tsitsikamitl tlen amo tsikuini yon axtsajtsi kej nochi tsitsikamimej, Se tonal kikajtejki tlanextilistli uan ejekatl, kipatlak itsajtsilis uan itsikuinalis, mokauilij san se ika inemilis, nopa para nochipa tlaxauas, yeka mochanchijtok ne kampa tsintlayoua tlalijtik, nopanoj mopanoltia kampa itechpoui itstos.

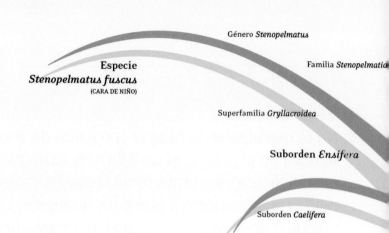

Género *Stenopelmatus*

Especie
Stenopelmatus fuscus
(CARA DE NIÑO)

Familia *Stenopelmatidae*

Superfamilia *Gryllacroidea*

Suborden *Ensifera*

Suborden *Caelifera*

Ficha taxonómica

Nombre científico	*Stenopelmatus fuscus*
Familia	*Stenopelmatidae (grillos de Jerusalén)*
Orden	*Orthoptera (alas rectas)*
Clase	*Insecta (en secciones)*
Phylum	*Arthropoda (animales con patas articuladas)*
Reino	*Animalia*

Orden *Grylloblattodea*
(GRILLO CEBOLLERO)

Orden *Mantophasmatodea*
(PARECIDOS A MANTIS)

El árbol filogenético del cara de niño

En el árbol filogenético, la misma rama que dio origen al cara
de niño dio origen, entre otros, a los siguientes tres bichos: chapulín,
insecto hoja y langosta migratoria.

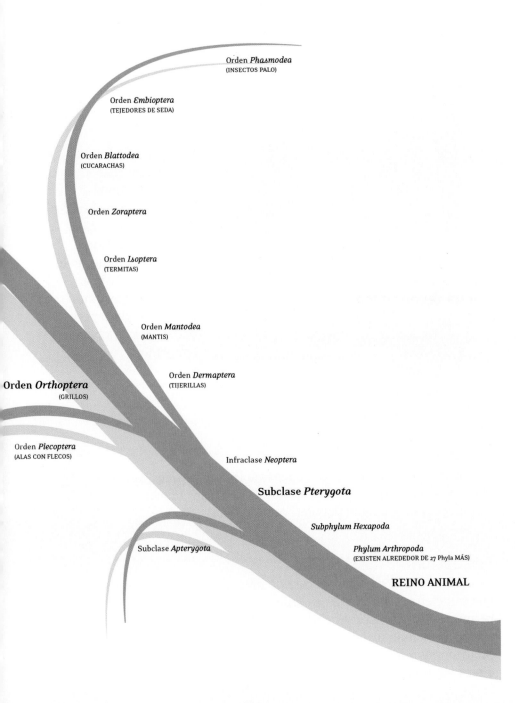

Orden *Phasmodea*
(INSECTOS PALO)

Orden *Embioptera*
(TEJEDORES DE SEDA)

Orden *Blattodea*
(CUCARACHAS)

Orden *Zoraptera*

Orden *Isoptera*
(TERMITAS)

Orden *Mantodea*
(MANTIS)

Orden *Dermaptera*
(TIJERILLAS)

Orden *Orthoptera*
(GRILLOS)

Orden *Plecoptera*
(ALAS CON FLECOS)

Infraclase *Neoptera*

Subclase *Pterygota*

Subphylum Hexapoda

Phylum Arthropoda
(EXISTEN ALREDEDOR DE 27 Phyla MÁS)

Subclase *Apterygota*

REINO ANIMAL

55

Lo que nos dice la Biología

Hábitat

Viven en la región de América que va desde la Columbia Británica, en los Estados Unidos de América, hasta México. Para vivir necesitan un suelo seco (no propicio al encharcamiento), no demasiado duro para poder excavarlo y templado.

La cabeza

Tienen una cabeza lisa que es inmensa si la comparamos con el resto de su cuerpo. Además, su cara tiene rasgos humanoides. De ahí deriva su nombre popular: cara de niño.

Percepción

Para adaptarse al subsuelo, el cara de niño perdió los grandes ojos que caracterizan al resto de los grillos. Sus ojos son pequeños y le permiten ver, pero, por ser chicos, reducen la posibilidad de infección porque presentan menos superficie de contacto con los virus, bacterias, protozoarios y hongos que viven en el suelo. Para percibir sabores, olores y formas, usa las grandes antenas que lo caracterizan.

Herramientas de trabajo

Su cabeza grande y lisa les sirve para excavar bajo la tierra. Sus patas robustas y llenas de picos les permiten construir en el subsuelo interminables túneles. Estas patas, además de ofrecerles puntos de apoyo para sostenerse, les dan potencia para avanzar bajo la tierra.

No es peligroso

Muchos dicen que el cara de niño es venenoso y puede causar la muerte de las personas. Sin embargo, esto es completamente falso, pues no tiene glándulas de veneno y mucho menos estructuras para inocular sustancias tóxicas, como los colmillos de las serpientes o los aguijones de las abejas. Podemos, en cambio, considerar al cara de niño como un aliado de la agricultura, pues, como es omnívoro, puede controlar la proliferación de plantas y animales.

Cadenas alimentarias

Los cara de niño se alimentan de raíces y tallos; también comen insectos y, con sus grandes y poderosas mandíbulas, son capaces de morder con fuerza a los mamíferos. A su vez, los cara de niño constituyen un apreciado alimento para animales diversos, como los búhos, coyotes, perros o felinos. También son apreciados como alimento por algunos arácnidos.

Extienden su cuerpo

Aunque los cara de niño no son muy grandes, cuando las hembras están a punto de depositar los huevecillos fecundados o cuando hembras y machos comen mucho, sus cuerpos se extienden hasta alcanzar más de cinco centímetros, con lo que adquieren un aspecto impresionante.

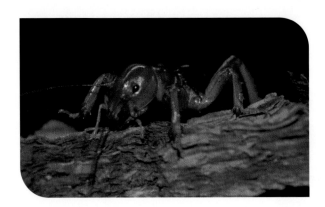

En defensa propia, se mantiene lejos de charcos y lagos

EL CARA DE NIÑO

Ciclo de vida

Cuando quieren encontrar pareja para aparearse, los cara de niño hembras y machos golpean sus abdómenes contra el suelo de sus refugios subterráneos. Así, a través del sonido, atraen a sus parejas. Después de aparearse, las hembras depositan los huevos fecundados en el suelo, en paquetes. Cuando nacen, las crías son copias casi exactas de sus padres y, de inmediato, salen solas en busca de comida, para su subsistencia.

Una historia terrible y verdadera

En los charcos y cuerpos de agua que usan para beber los cara de niño habita un gusano llamado *crin de caballo*. Lo llaman así porque su cuerpo es muy largo y muy delgado.
Cuando los cara de niño se acercan a beber, el *crin de caballo* entra por su tracto digestivo, llega a los intestinos y los atraviesa para salirse de ellos y alojarse en la cavidad del cuerpo. Ahí permanece hasta completar su propio desarrollo. Después, cuando el *crin de caballo* ha madurado, busca salir del cuerpo del cara de niño para continuar su vida en libertad. Pero sucede que el *crin de caballo* únicamente puede vivir en el agua y el cara de niño vive enterrado en el suelo seco.

¿Qué hace el *crin de caballo* para resolver este problema? Pues recurre a una solución extrema, fatal para el cara de niño, pero vital para él: ¡cambia el comportamiento natural del cara de niño!

Bajo el dominio del *crin de caballo*, el cara de niño, sin poder evitarlo, sale de su refugio bajo la tierra y, de manera desesperada, busca un charco, una laguna, un río, cualquier cuerpo de agua. Lo busca a pesar de que él sabe, de acuerdo con su naturaleza, que debe mantenerse en lugares secos.

Al final de esta búsqueda desesperada, controlada por el inquilino que lleva en su cuerpo, el cara de niño se arroja al agua, se ahoga y muere. Entonces, con toda calma, el *crin de caballo* sale al agua y continúa felizmente con su propia vida.

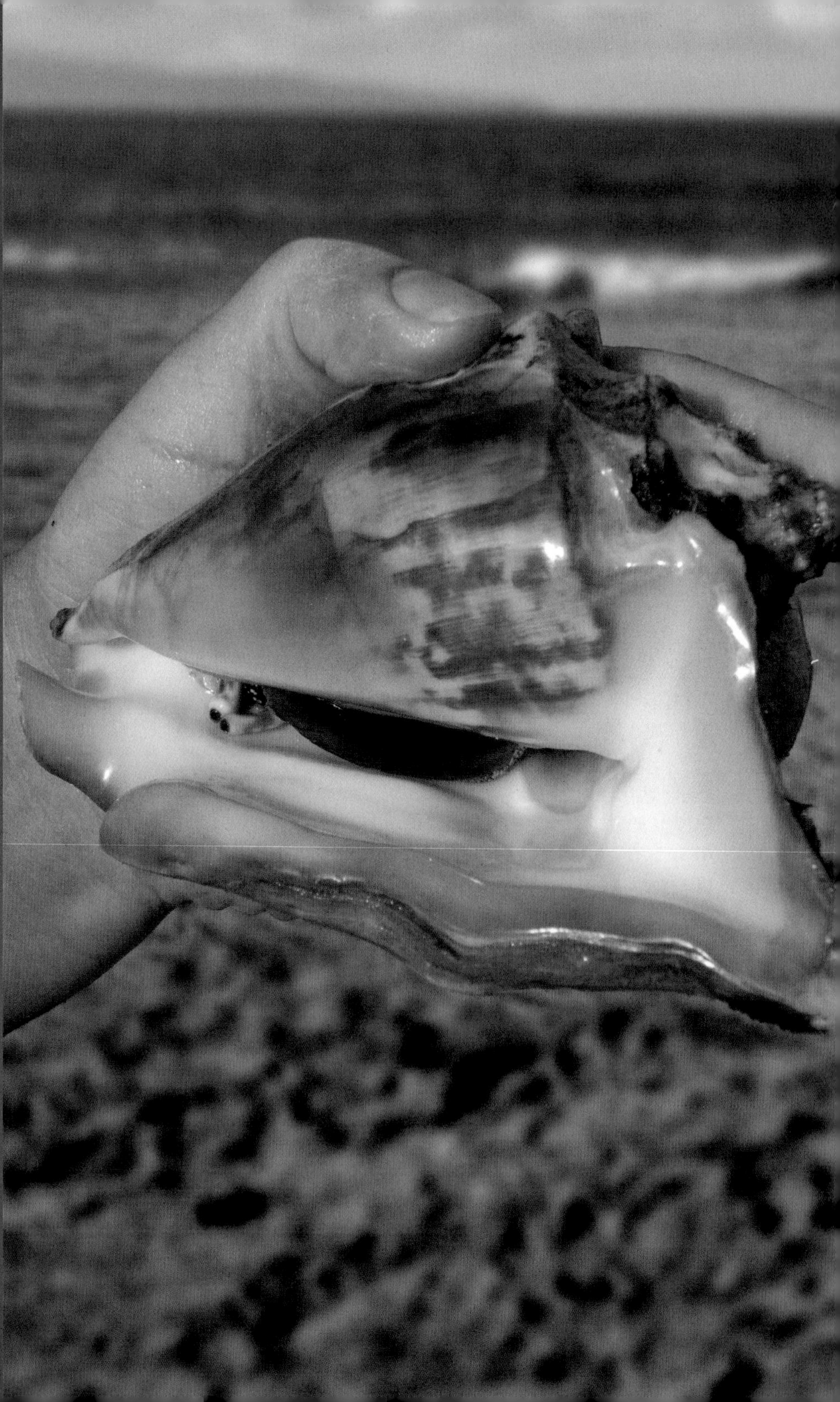

Caracol
(*Lobatus gigas*)

Caracol gigante
Ueyi kuachalolo

Señor soberano del fondo del mar

Conforme avanza la tecnología, los biólogos poco a poco afinan las relaciones y parentescos de las especies. Así, este caracol gigante, que desde hace muchos años fue conocido como *Strombus gigas*, cambió recientemente su nombre a *Lobatus gigas*. Sigue siendo el mismo, pero ahora sabemos más sobre él. Aunque en esta especie la hembra puede producir entre ocho y nueve masas de huevos por temporada, cada una de las cuales contiene entre 180 mil y 460 mil huevos, e incluso puede alcanzar los 750 mil huevos, muy pocos llegan a estado adulto. La especie está amenazada por la sobreexplotación, por lo que algunos países han impuesto su veda permanente.

El caracol gigante

La concha del caracol, con sus elegantes giros, nos recuerda, según nos enseña la cultura maya, que el tiempo no corre hacia un solo punto, que se desenvuelve en espiral y que está abierto a todas las posibilidades. Cuando la acercas a tu oído, la concha del caracol gigante te regala un concierto solemne que lleva a cabo un solista ya muy viejo: el mar, que, con sus sonidos y sus ecos, te cuenta sus secretos.

Ueyi kuachalolo

Maskij amo ijki tikitas, nopa tentopitsij keuak se ueyi tsitsikamitl tlen amo tsikuini yon axtsajtsi kej nochi tsitsikamimej, Se tonal kikajtejki tlanextilistli uan ejekatl, kipatlak itsajtsilis uan itsikuinalis, mokauilij san se ika inemilis, nopa para nochipa tlaxauas, yeka mochanchijtok ne kampa tsintlayoua tlalijtik, nopanoj mopanoltia kampa itechpoui itstos.

Ficha taxonómica

Nombre científico	*Lobatus gigas*
Familia	*Strombidae*
Orden	*Littorinimorpha*
Clase	*Gastropoda*
Phylum	*Mollusca*
Reino	*Animalia*

Clase *Monoplacophora*

Clase *Aplacophora*

Clase *Polyplacophora*

Clase *Bivalv*

Phylum Mollusca
(EXISTEN ALREDEDOR DE 27 Phyla MÁS)

REINO ANIMAL

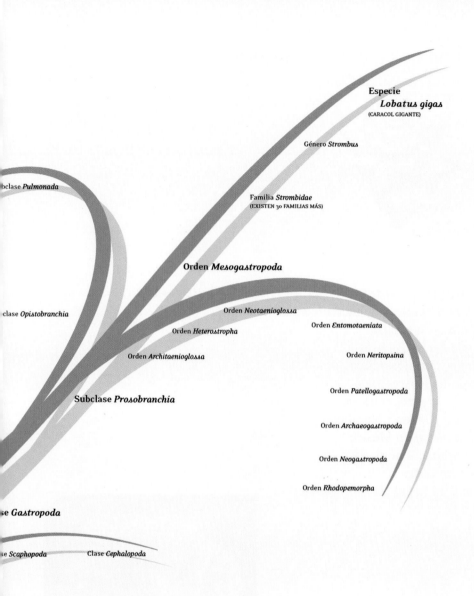

Especie
Lobatus gigas
(CARACOL GIGANTE)

Género *Strombus*

bclase *Pulmonada*

Familia *Strombidae*
(EXISTEN 30 FAMILIAS MÁS)

Orden *Mesogastropoda*

clase *Opistobranchia*

Orden *Neotaenioglossa*

Orden *Entomotaeniata*

Orden *Heterostropha*

Orden *Architaenioglossa*

Orden *Neritopsina*

Orden *Patellogastropoda*

Subclase *Prosobranchia*

Orden *Archaeogastropoda*

Orden *Neogastropoda*

Orden *Rhodopemorpha*

se *Gastropoda*

se *Scaphopoda*   Clase *Cephalopoda*

El árbol filogenético del caracol

En el árbol filogenético, la misma rama que dio origen al caracol dio origen, entre otros, a los siguientes tres bichos: pulpo, almeja y chitón.

Lo que nos dicen las culturas

Con un solo pie
camina a saltos

EL CARACOL

El nombre caracol gigante en náhuatl, *ueyi kuachalolo*
Diversas maneras de llamarlo en castellano:
Botuto en Venezuela
Cambobia en Panamá
Cambute en Costa Rica
Caracola en Argentina
Caracol gigante en Honduras
Caracol pala en Colombia
Caracol rosa en México
Carrucho en Puerto Rico
Cobo en Cuba
Lambi en República Dominicana
y en Haití.

El sonido del caracol

Es imposible desligar de su sonido al caracol gigante.
Desde hace miles y miles de años, las culturas del mundo han usado su concha vacía para dar avisos, marcar pasos, anunciar la guerra, acompañar danzas o marcar celebraciones. En algunas culturas de Asia, dado que su sonido es conmovedor, lo usan repetidamente para favorecer que las personas entren en estado de meditación. Los mexicas tenían un sistema de comunicación entre centros ceremoniales como Malinalco, Tepoztlán y Xochicalco, a partir de sonidos que producían con caracoles. Dicen también que el caracol emite todos los sonidos del mar cuando se le escucha atentamente.

En alguna pirámide, como, por ejemplo, Tepoztlán, una persona nahua (la silueta de una persona) toca el caracol en la orilla del abismo.

Los caracoles eran instrumentos musicales usados por los mexicas, como narra Sahagún.

Símbolo del cero y del agua

Para los mayas, el caracol gigante es símbolo del agua y, por lo mismo, pariente de la luna, porque ésta es acuática. También lo utilizan para simbolizar al cero.

La concha de los caracoles gigantes sigue engrosándose con el paso de los años hasta volverse realmente pesada. Con frecuencia, las conchas se cubren de algas y algunos animales pequeños se adhieren a ellas como si las conchas fueran rocas. Por eso, a los caracoles más viejos algunos les dicen *caracoles de piedra.*

Silbato en forma de caracol. En todas las culturas la naturaleza es inspiración para el arte.

Material de construcción

En los tiempos antiguos, las conchas más fuertes eran usadas como material para construir diques y contener el mar y puertos para las embarcaciones.

Hábitat

A los caracoles les gustan las aguas cálidas,
como las del mar Caribe. Viven cerca de las
costas, especialmente ahí donde la profundidad
del mar es poca.

Caracoles gigantes, caracolas

A los caracoles gigantes, que son animales marinos,
también se les llama *caracolas*, para distinguirlos
de los caracoles de tierra, entre los que se encuentra
el caracol de jardín, que casi todos conocemos.

Peligro de extinción

En los últimos años, las personas han
pescado en exceso a los caracoles gigantes.
Es necesario detener este proceso, pues si
continúa, estos caracoles pueden desaparecer.
Si se extinguieran, se romperían las cadenas
alimentarias y se dañarían los ecosistemas.

Adornos fúnebres

Son tan hermosas las conchas del caracol
gigante y tienen tantos significados que
algunas culturas las colocan en los ataúdes
de los muertos.

Lo que nos dice la Biología

Su origen

El caracol gigante apareció sobre la Tierra hace aproximadamente 570 millones de años, en la era Paleozóica. Los ancestros surgieron en el mar Mediterráneo y en el Atlántico que rodea Europa. De ahí llegaron a todos los mares de la tierra. En el Caribe mexicano existe una hermosa especie: *Lobatus gigas*.

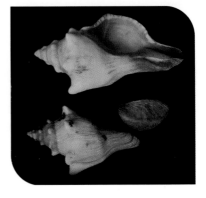

Enemigos

El caracol gigante corre peligro cuando está en forma de larva porque constituye el alimento de muchos animales marinos. Sin embargo, cuando adquiere su concha dura y sólida, prácticamente queda fuera de peligro.

Los huevecillos

Los caracoles gigantes, cuando están maduros, se aparean para que el macho fecunde los huevecillos fértiles de la hembra. Cuando ya están fecundados, la hembra los deposita en una especie de cordón que sale de su cuerpo y que es gelatinoso y pegajoso. Este cordón, desenrollado, puede medir hasta 30 m de largo; sin embargo, la hembra lo acomoda en forma de media luna enrollándolo cuidadosamente para que cubra una superficie de 10 o 15 cm, aproximadamente. Esta masa con huevecillos (que son microscópicos) puede contener hasta 400 mil huevos. Al terminar su puesta, el caracol hembra la cubre con arena.

El pie

Cuando tienen unas tres semanas viviendo en el plancton, las larvas alcanzan un milímetro de longitud. Entonces, comienzan a desarrollar la estructura que conocemos como *pie*, para avanzar por el fondo del mar. También desarrollan una estructura para raspar (llamada *rádula*) que les permite alimentarse. Adquieren la forma de un diminuto caracol gigante y pierden la capacidad de nadar. Desde este momento, avanzarán por el fondo del mar de dos maneras: arrastrándose y estirando su pie hacia delante, para dar pequeños saltos. Con estas dos técnicas caminan distancias considerables.

Es común que las personas conozcan únicamente las conchas de los caracoles gigantes, que son hermosas. Pero también el cuerpo puede ser muy hermoso, con coloraciones muy vivas. Las conchas adquieren muchas formas y tamaños.

La vida del plancton

El plancton es el conjunto de diversos organismos microscópicos y muy pequeños que flotan en las aguas del mar o de algunos lagos. Las larvas velígeras del caracol gigante forman parte del plancton junto con larvas de otras especies, como langostas, camarones, almejas o erizos. Ahí, en el plancton, las larvas flotan y se dejan llevar por las corrientes del mar. En el mar Caribe, se ha visto que las larvas pueden viajar desde la península de Yucatán hasta la península de la Florida en sólo un mes.

Las larvas

De los huevecillos, después de cinco días, salen unas pequeñísimas larvas que, al igual que éstos, son microscópicas. Tal vez cabrían diez larvas en una sola gota de agua. Cada larva tiene dos lóbulos redondeados y rodeados de cilios (o pelillos) pequeños que se mueven a gran velocidad. Los dos lóbulos forman una estructura que se llama *velum* que cumple tres funciones básicas: les permite nadar, respirar y atrapar algas microscópicas y bacterias para alimentarse. En esta etapa, las larvitas ya tienen una diminuta concha transparente.

Se alimentan en la noche

Los caracoles que están creciendo se entierran
en la arena del fondo del mar y ahí se quedan
durante aproximadamente un año. Únicamente
salen de la arena en las noches para comer.
Raspan con la rádula bacterias que se pegan
a las algas y a las hojas de la pradera marina.
Además de bacterias, comen algas. Como son
pequeños y su concha todavía no es dura,
corren el riesgo de ser comidos por otros
animales carnívoros, como langostas, cangrejos,
otros caracoles adultos y otros animales, como
las tortugas, los pulpos y las rayas.

Desarrollo en espiral

Con el paso del tiempo, su concha engruesa
poco a poco y se alarga enrollándose en forma
de espiral. El labio de la concha se forma
cuando los caracoles tienen entre tres y cuatro
años, cuando están a punto de alcanzar la
madurez.

Colibrí
Huitzitzilin

Espina de turquesa

Ahora sabemos que estos impetuosos
amiguitos utilizan su lengua como una
microbomba. Sí, así como lo lees. Hace tiempo
se creía que una propiedad de la naturaleza
muy interesante llamada *capilaridad* era
la causante de que el néctar de las flores
subiera por la lengua de los colibríes. Pero
ahora –al desarrollarse nuevas tecnologías,
como las grabaciones a alta velocidad,
así como con paciencia y creatividad
de las y los investigadores– sabemos que,
en realidad, su lengua bifurcada (es decir, que
tiene dos partes) actúa como una bomba de
succión: cuando entra al néctar está cerrada
y después se abre generando un vacío
que succiona el dulce líquido de las flores.
La ciencia avanza para ayudarnos
a comprender mejor la naturaleza.

El colibrí

No es posible nombrar a los colibríes con una única metáfora. Los han llamado rayos de sol florecido, brochazos de un pintor apasionado, trozos de luz robados a la aurora o gemas preciosas a punto de volverse líquidas.

Todas estas maneras de describir al colibrí son válidas y también otras más: almas en vuelo, sonrisas de la selva, duendes del aire, príncipes encantados. Jamás acabaríamos. Mejor será llamarlos colibríes, sencillamente.

Uitsitsilij

Amo uelis tikijtos san se tlamantli ika itokaj.

Ni uitsitsilij miak tlamantli ika kitokajtijtokej, kiijliaj: ixochiminal tonatij, yolajkomanal tlapali, tlauili tlen iaxka yektlaneskayotl, yekchalchiuitl tlen atixtikajya. Nochi ni tokajyotl tlen kiijliaj nelia kualtitok, uan onkaj sekinok: tonalpatlantli, kuayojueskayotl, naualejekatl, ipakilis piltsin. Axuelis tijtlami tokajtisej. Achi kuali san ma tikonijlikaj uitsitsilij.

Género *Lampornis*

Especie
Lampornis clemenciae
(COLIBRÍ DE GARGANTA AZUL)

Familia *Trochilidae*

Ficha taxonómica

Nombre científico	*Lampornis clemenciae*
Familia	*Trochilidae*
Orden	*Apodiformes*
Clase	*Aves*
Phylum	*Chordata*
Reino	*Animalia*

Orden *Psittaciformes*
(PERICOS)

Orden *Cuculiformes*
(CUCÚS)

Orden *Columbiformes*
(PALOMAS)

Orden *Coliformes*
(AVES RATÓN)

Orden *Trogoniformes*
(QUETZAL)

Orden *Galliformes*
(GALLINAS, FAISANES, ETCÉTERA)

Orden *Turniciformes*
(JACANAS)

Orden *Gaviiformes*
(COLIMBOS)

Orden *Gruiformes*
(GRULLAS)

Orden *Podicipediformes*
(SOMORMUJOS)

Orden *Procellariiformes*
(ALBATROS)

Orden *Charadriformes*
(CHARRANES)

Orden *Pterocliformes*
(GANGAS)

Orden *Ciconiiformes*
(GARZAS)

El árbol filogenético del colibrí

En el árbol filogenético, la misma rama que dio origen al colibrí
dio origen, entre otros, a los siguientes tres bichos: vencejo,
zunzun y picaflor.

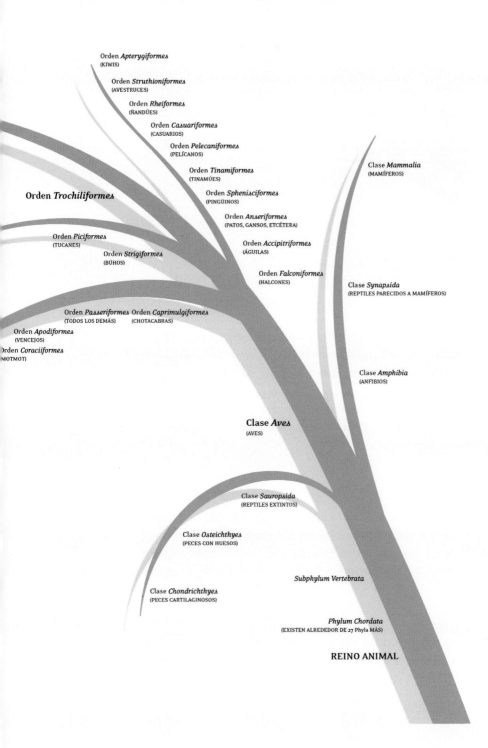

Orden *Apterygiformes*
(KIWIS)

Orden *Struthioniformes*
(AVESTRUCES)

Orden *Rheiformes*
(ÑANDÚES)

Orden *Casuariformes*
(CASUARIOS)

Orden *Pelecaniformes*
(PELÍCANOS)

Clase *Mammalia*
(MAMÍFEROS)

Orden *Tinamiformes*
(TINAMÚES)

Orden Trochiliformes

Orden *Sphenisciformes*
(PINGÜINOS)

Orden *Anseriformes*
(PATOS, GANSOS, ETCÉTERA)

Orden *Piciformes*
(TUCANES)

Orden *Accipitriformes*
(ÁGUILAS)

Orden *Strigiformes*
(BÚHOS)

Orden *Falconiformes*
(HALCONES)

Clase *Synapsida*
(REPTILES PARECIDOS A MAMÍFEROS)

Orden *Passeriformes*   Orden *Caprimulgiformes*
(TODOS LOS DEMÁS)   (CHOTACABRAS)

Orden *Apodiformes*
(VENCEJOS)

Orden *Coraciiformes*
(MOTMOT)

Clase *Amphibia*
(ANFIBIOS)

Clase Aves
(AVES)

Clase *Sauropsida*
(REPTILES EXTINTOS)

Clase *Osteichthyes*
(PECES CON HUESOS)

Subphylum Vertebrata

Clase *Chondrichthyes*
(PECES CARTILAGINOSOS)

Phylum Chordata
(EXISTEN ALREDEDOR DE 27 Phyla MÁS)

REINO ANIMAL

Lo que nos dicen las culturas

*Veloz, sutil, multicolor
y aéreo*

EL COLIBRÍ

Algunos nombres del colibrí en lenguas indígenas

Ts'unun, en tseltal; *Uitzitzilin*, en náhuatl; *Tzintzuni*, en purépecha.

En el antiguo reino purépecha existió un centro ceremonial
(aún existe a la orilla del lago de Pátzcuaro) que fue bautizado
con el nombre de *Tzintzuntzan*: el lugar del dios colibrí, del dios
mensajero. En purépecha, la partícula *tza* significa "rapidez",
la rapidez propia de los mensajeros. En náhuatl, *uitztli* significa
"espina" y *tzitzitl* significa "turquesa". *Uitzitzilin* significa
"espina de turquesa".

Energía

Entre los tseltales, el sol se considera un símbolo de la energía
positiva y creadora, que es fuente de vida y a donde van
las almas de los guerreros. Los mexicas consideraban que el colibrí
era el creador del calor del sol y el responsable de mantenerlo.

Mensajero

Como en muchas otras culturas de la Tierra, el colibrí es un mensajero.
Para los tseltales, el colibrí anuncia el hambre, la sequía y la muerte.
Un colibrí en el camino significa mala suerte o enfermedad.

El colibrí
Canto náhuatl

Oídlo, en las ramas del árbol florido,
hace estrépito y gorjea.
El ave roja del colibrí está haciendo resonar
sus cascabeles de oro y su sonaja.

Para poder exclamar un día ¿por qué no?
he llegado, aquí estoy:
en las ramas del árbol florido.
Soy el floreciente colibrí,
deleito mi pico, con eso me alegro.

Huitzilopochtli, deidad de la guerra.

Inmortalidad

Para los mexicas, el colibrí era el símbolo del dios *Huitzilopochtli,* que quiere decir "colibrí zurdo". Pensaban que el colibrí tenía vida eterna, que nunca moría. Por eso, las almas de los guerreros muertos bajaban nuevamente a la Tierra en forma de colibríes o mariposas y se volvían inmortales. Admiraban al colibrí, porque, a pesar de su tamaño diminuto, mostraba gran fuerza y poderío.

Representación de Huitzilopochtli, relacionado con el colibrí por su belleza y fuerza.

El colibrí, en esta copa mixteca, simboliza el cielo.

Embrujo de amor

Algunos grupos *hñähñus* tienen una costumbre: cuando encuentran un colibrí muerto, le sacan el cerebro, lo secan y lo muelen. Con este polvo pueden conseguir que una persona los ame, aunque no quiera. Es un embrujo de amor. Simplemente se arroja un poco de este polvo sobre el hombro de la persona amada y ella responderá de inmediato.

También los purépechas consideran que los colibríes, además de traer buena suerte, propician el amor.

Bebedor de sangre

Los zapotecos consideraban al colibrí como
el encargado de beber la sangre de los
sacrificados, puesto que, como era mensajero,
podía llevarla a los dioses.

Lo que nos dice la Biología

Pico

Su pico es largo y estrecho; con frecuencia es recto y,
en ocasiones, curvo. El colibrí conocido como pico de espada
tiene un pico tan largo como la cabeza, el cuerpo y la cola juntos.
En el pico tiene una lengua que es tubular y con ella succiona
el néctar de las flores. Para chupar, se mantiene suspendido
en el aire, como se mantienen en el aire los helicópteros.

Nacimiento

Los colibríes se aparean durante su vuelo, en el aire. Las hembras
ponen dos huevecitos blancos que guardan en nidos preparados
con plantas prensadas, musgos y líquenes que enredan entre
sí con telas de araña. Colocan sus nidos (que son diminutos)
en las ramas de árboles y plantas y también los pegan en las
paredes de los acantilados usando telarañas.

Después de dos o tres semanas de incubación, nacen unos polluelos diminutos que no tienen plumas. En algunas especies, como el "colibrí de penacho violeta", los machos ayudan a las hembras a cuidar a los pajaritos cuando nacen. Los alimentan directamente de sus propios picos sin posarse en el nido, al vuelo. A las tres semanas de haber nacido, los nuevos colibríes dejan el nido.

Un animal de América

El colibrí es un animal originario de América. Vive en todo el territorio americano, desde Alaska hasta la Patagonia, y es más abundante en las regiones tropicales.

Tamaño

Su tamaño varía; el más grande de todos es el que se conoce como colibrí gigante, que mide aproximadamente 21 cm de longitud. En el otro extremo está el colibrí zunzún o colibrí abeja, originario de Cuba, que mide sólo un poco más de 5 cm de la cola a la punta del pico. En realidad, su cuerpo no es más grande que el cuerpo de un abejorro.

Velocidad

Las especies que tienen un tamaño pequeño baten sus alas de 50 a 80 veces por segundo y durante el vuelo de apareamiento las mueven muchas más veces. Se han registrado velocidades de hasta 114 km por hora.

Para volar así, los colibríes necesitan mucha energía, por eso comen constantemente y, antes de migrar, acumulan gruesas capas de grasa que les servirán como combustible durante el viaje.

Migraciones

Hay algunos colibríes que migran. Por ejemplo, el colibrí rufo o leonado pone sus crías en Alaska y luego, en el invierno,

migra junto con ellas hacia Sudamérica. El colibrí gorgirrubí (colibrí con garganta color rubí) cruza en sus migraciones todo el Golfo de México, sin detenerse un solo instante.

Alimentación

Gustan del néctar de las flores y también comen insectos y animales pequeños que encuentran en el interior de las flores. Son capaces de comer al vuelo animales pequeños y se comen a las arañas cuando están en sus telas.

Garrapata
Ueyi chipojtli
Atlética, voraz y sanguinaria

Hace tiempo, las garrapatas constituían un grupo aparte de los arácnidos, sin embargo, conforme han avanzado los estudios, principalmente de ADN, ahora sabemos que en realidad son arácnidos parásitos que han estado en la Tierra desde hace 150 millones de años, o sea, que seguramente se alimentaron de sangre de dinosaurios. ¿Imaginas a un T. Rex con garrapatas? Pues seguramente sucedió. También ahora sabemos que las garrapatas buscan su comida detectando el aliento y los olores corporales de los animales, el calor corporal, la humedad o las vibraciones. Y hemos descubierto que su saliva tiene unas proteínas con propiedades antiinflamatorias, llamadas *evasinas*, que les permiten alimentarse durante 8 a 10 días ¡sin que su hospedero las note! Estas proteínas se estudian actualmente para combatir infartos. Sin duda, las garrapatas nos darán más sorpresas conforme las conozcamos mejor.

La garrapata

Nadie lo ha pensado hasta ahora, pero no sería mala idea preguntar a las larvas, a las ninfas y a las garrapatas cómo aprendieron ese arte astuto y singular que les permite, con un salto mortal, alcanzar el lomo de sus huéspedes, justo en el momento exacto en el que pasan. Atención, posición, resorteo y ¡enganche!, todo en su justo tiempo y con la técnica precisa. Habría que investigarlo.

Ueyi chipojtli

Asta namaj amo akaj moyolnejnemilijtok tlaj ueliskia se kintlajtlanilis nopa tlen ontlakatkejyok pilchipojtsitsij, tlen sanok onmotlantokej uan kemaj elijya ueyij chipojmej, keniikatsaj momachtijkej para kuali onuitonij uan motlatskiltiaj ipan ikuitlapannakayo se yolkatl kemaj pano innechka. Keuak sanmochixtokej para uitonisej uan tepantlatskisej. Nelnelia kimatij kenijkatsaj mopanoltisej. Ueliskia motejteemolia kenke para kejnopa innemilis.

Ficha taxonómica

Nombre científico	*Ixodes scapularis*
Familia	*Ixodidae*
Orden	*Ixodida*
Clase	*Arachnida*
Phylum	*Arthropoda (animales con patas articuladas)*
Reino	*Animalia*

El árbol filogenético de la garrapata

En el árbol filogenético, la misma rama que dio origen a la garrapata dio origen, entre otros, a los siguientes tres bichos: ácaro de la sarna, ácaro de la piel y ácaro de la cama.

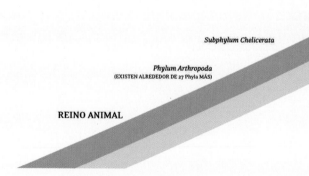

Subphylum Chelicerata

Phylum Arthropoda
(EXISTEN ALREDEDOR DE 27 Phyla MÁS)

REINO ANIMAL

Especie
Ixodes scapularis
(GARRAPATA DEL VENADO)

Género *Ixodes*

Familia *Ixodidae*

Clase *Merostomata*

Orden *Acari*
(ÁCAROS)

Orden *Schizomida*
(ESQUIZÓMIDOS)

Orden *Ricinulei*
(RICINÚLIDOS)

Orden *Uropigy*
(VINAGRILLOS)

Orden *Solopugida*
(SOLÍFUGOS)

Clase *Arácnida*

Orden *Scorpiones*
(ALACRANES)

Orden *Opiliones*
(SOBACOS)

Orden *Ricinulei*
(RICINÚLDOS)

Clase *Pycnogonida*

Orden *Araneae*
(ARAÑAS)

Orden *Palpigradi*
(PALPIGRADOS)

Orden *Amblypygi*
(CANCLOS)

Lo que nos dice la Biología

Los ácaros

Los ácaros son casi tan numerosos como los insectos.
Se encuentran por todas partes, pero casi nadie los conoce
porque son pequeñitos y pasan desapercibidos. Las garrapatas
pertenecen al grupo de los ácaros. Las garrapatas son ácaros
gigantes, por eso se pueden ver a simple vista.

Antigüedad

Las garrapatas existen en la Tierra
desde hace millones de años.
Es posible que hayan existido en la
época de los dinosaurios. Si esto es
correcto, tenemos que pensar que, tal
vez, muchos dinosaurios tuvieron
que vivir con garrapatas sobre
sus cuerpos.

Anestesian al huésped

Al entrar en la piel de su huésped, junto con
saliva, las garrapatas le inyectan un líquido
anestésico. Por eso los animales no sienten
la picadura. Además, tienen un cemento especial
con el que sellan la perforación que hacen.

Los parásitos

Las garrapatas son parásitos. Esto quiere decir que viven a expensas
de otro ser vivo. No viven en una relación de cooperación mutua
(como en el caso del mutualismo), simplemente se aprovechan de otro
animal o planta sin darle nada a cambio. Con frecuencia, los parásitos
dañan a los seres vivos que parasitan (plantas, personas o animales).
A la planta o al animal parasitado se le llama *huésped*.

Los huéspedes de las garrapatas

Las garrapatas parasitan a cualquier
vertebrado terrestre que encuentren:
vaca, toro, chiva, borrego, burro o perro.
También parasitan a las personas. Se
encuentran de manera especial en los
climas tropicales.

Tamaño

Como ya dijimos, las garrapatas son ácaros gigantes que llegan
a medir hasta 3 cm de longitud. Cuando acaban de comer (la sangre
es su alimento), sus cuerpos se hinchan y parece que crecen.
También las garrapatas hembras, cuando tienen huevecillos en desarrollo
dentro de sus cuerpos, aumentan su tamaño. Los machos son más
pequeños que las hembras.

Dientes, colmillos, pedipalpos e hipostoma

Para alimentarse y atrapar a los animales que parasitan, las garrapatas
tienen dientes curvos, colmillos volteados hacia afuera (quelíceros),
un par de apéndices que no tienen uñas (pedipalpos) y un poderoso
órgano de penetración que se llama *hipostoma*. El hipostoma está
armado con numerosos dientecillos que permiten a la garrapata fijarse
firmemente a la piel de su huésped.

Dos tipos de garrapatas

Hay unas garrapatas que pertenecen a la familia *Ixodidae* y son altamente
evolucionadas. Tienen una placa dorsal muy resistente (el dorso es el
equivalente a la espalda). A éstas se les llama *garrapatas duras*. Viven
casi todo su ciclo de vida sobre el cuerpo de su huésped, chupando
sangre de manera permanente, por eso se dice que son "hospedícolas".
Hay otras garrapatas, argásidas, que pican y se alimentan hasta llenarse
una sola vez, luego abandonan al huésped y repiten este proceso
en cada ciclo de su vida (larva, ninfa y garrapata madura).

Del huevo al adulto
Para alcanzar la madurez, las garrapatas pasan por cuatro
etapas básicas: huevo, larva, ninfa y adulto.

Diversos huéspedes para un solo ciclo
Para desarrollarse, la mayor parte de las garrapatas necesita varios
huéspedes distintos.

a) La fecundación ocurre sobre el cuerpo de un primer huésped.
Las hembras fecundadas se alimentan hasta llenarse.

b) Después se desprenden y caen al suelo. Con lentitud y torpeza
(porque están demasiado gordas) se entierran en el suelo.
Poco después ponen ahí sus huevos, entre 500 y 15 mil
huevecillos que se aglutinan en pequeñas masas compactas.
Ponen todos los huevos de una sola vez, sin interrupción alguna.
Cuando terminan, mueren.

c) Nacen las pequeñas larvas que únicamente tienen seis patas.
Por un tiempo, se quedan quietas consumiendo los restos
del huevo del que proceden.
   Luego se suben a las plantas del lugar y, pacientes, esperan
a que se acerque un mamífero vertebrado. Las pequeñas
larvas perciben su llegada por el bióxido de carbono que
expulsa el animal al respirar. Entonces, las larvas se preparan, se
sostienen sobre sus patas posteriores y levantan las anteriores,
como si fueran antenas, para percibir al animal
que se acerca. Finalmente, cuando el animal roza la planta
en la que están las larvas, éstas se agarran de él con gran
destreza.

d) Una vez sobre el segundo huésped, eligen en su cuerpo
un lugar que les agrade y empiezan a succionar linfa (porque
las larvas todavía no chupan sangre).

e) Cuando se llenan, se desprenden y caen al suelo, para
transformarse en ninfas, ahora ya con ocho patas. Entonces
se trepan a un tercer huésped, se alimentan y vuelven
a caer al suelo una vez más.

f) En el suelo sufren la última transformación y se convierten en garrapatas adultas. En esa nueva forma, se suben a un cuarto huésped y ahí, sobre él, encuentran una pareja para aparearse e iniciar así un nuevo ciclo completo.

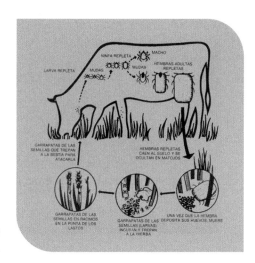

Ciclo de vida generalizado de la garrapata.

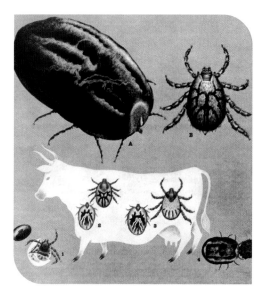

Ciclo de vida de la garrapata del ganado vacuno de un solo huésped.

Lo que nos dicen las culturas

Del huevo a la larva,
de la larva a la ninfa,
de la ninfa al adulto

La GARRAPATA

Algunos nombres de la garrapata en lenguas indígenas

Pech, en maya; *Turicata,* en purépecha y *Tlalaxin,* en náhuatl (en algunas regiones).

Los investigadores occidentales tomaron los sustantivos *tlalaxin* (de la lengua náhuatl) y *turicata* (de la lengua purépecha) para darles un nombre científico a las dos especies de garrapatas mexicanas más comunes: *Ornithodoros talaje* y *Ornithodoros turicata*. En México, en español, a las garrapatas se les llama tialajes, turicatas, tostoneras, plateadas, conchudas o tullidoras. A las larvas, que son mucho más pequeñas, se les llama pinolillo, mostacilla o güinas.

Turicato

En la tierra caliente de Michoacán existe un poblado llamado Turicato, que significa "lugar de garrapatas".

Transmisoras de enfermedades

Las garrapatas transmiten numerosos gérmenes patógenos que causan enfermedades tanto a las personas como a los animales domésticos y silvestres.

La vida del ganado

Cuando las garrapatas infestan al ganado, las reses sufren mucho y se debilitan porque pueden llegar a hospedar, al mismo tiempo, cientos de garrapatas. Los ganaderos sufren también porque pierden grandes cantidades de dinero a causa de estos parásitos, pero también porque las vacas se

entristecen y esto afecta emocionalmente a los vaqueros que desarrollan auténticos lazos afectivos con las vacas con las que conviven a diario.

Anuncio mortal

Para los mayas, soñar que tienen garrapatas en la mano significa que la muerte anda rondando.

Un tótem

En Campeche existe una pirámide maya construida sobre una plataforma, tiene esculturas de serpientes con una garrapata en la cabeza. Es evidente que se trata de un tótem, una escultura mítica que reúne a más de un dios, uno sobre el otro. Algunos le han llamado el Templo del Señor Sol Garrapata. Sin embargo, aún nadie ha comprendido bien qué significado tiene este tótem tan especial. El nombre maya de este templo es *Ah Kin Pech* (*kin* significa "Sol" en la lengua maya).

Grana cochinilla
(*Dactylopius coccus*)

Grana cochinilla
Nochestli

Sencilla y con rubor intenso

Si el color carmín viene de las culturas mesoamericanas, ¿con qué teñían los europeos su ropa antes de la Conquista? Es muy interesante saber que existe un animalito similar a la grana cochinilla, se le conoce como *cochinilla de las encinas* y su nombre científico es *Kermes vermilio*; en realidad, es primo lejano de nuestra grana cochinilla. Estos animalitos habitan en el Oriente Próximo y la parte europea del Mediterráneo. Eran conocidos desde el antiguo Egipto y son uno de los pigmentos orgánicos más antiguos. Desde la Edad Media había recetas para extraerlo en manuales de pintura y de alquimia. Cuando los europeos llegaron a América, fueron sustituyendo la forma en que los mexicas hacían el pigmento por tintes españoles como el minium o el carmesí de alizarina; la razón fue que para conseguir un kilogramo se requieren entre 80 y 100 mil insectos.

La grana cochinilla

En una unión ancestral de origen incierto, el nopal y la grana cochinilla han vivido por cientos de años ligados el uno a la otra. De esta unión nace, por el milagro de la observación, la perseverancia y la imaginación de pueblos ancestrales, una hermosa fuente de color intenso que salta a muros, ollas y telares para dejar en ellos una huella escarlata.

Ueyi chipojtli

Amo momati kemaj mosansejko chijkej ni nejpalij iuaya ni nochestli, san momajtok para kipia miak xiuitl kemaj mosansejkotlalijkej. Ipan ni tlamotskiltili yolki, pampa kitlajtlachilijkej, kitejteemojkej uan kiyejyekajkej uajkaapamej, uan pejki mokixtia yejyektsij tlapali tlen ixnesi ipan tetsoptli, komitl uan yoyomitl kampa san tlachichiltok.

Ficha taxonómica

Nombre científico	*Dactylopius coccus*
Familia	*Dactylopiidae*
Orden	*Hemiptera*
Clase	*Pterygota*
Phylum	*Arthropoda*
Reino	*Animalia*

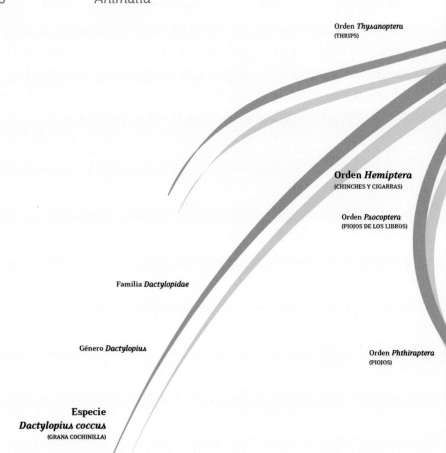

Orden *Thysanoptera*
(THRIPS)

Orden *Hemiptera*
(CHINCHES Y CIGARRAS)

Orden *Psocoptera*
(PIOJOS DE LOS LIBROS)

Familia *Dactylopidae*

Género *Dactylopius*

Orden *Phthiraptera*
(PIOJOS)

Especie
Dactylopius coccus
(GRANA COCHINILLA)

REINO ANIMAL

Phylum Arthropoda
(EXISTEN ALREDEDOR DE 27 Phyla MÁS)

Subphylum Hexapoda

Subclase *Pterygota*

Infraclase *Neoptera*

Superorden
Hemipterodea

Subclase *Apterygota*

El árbol filogenético de la grana cochinilla

En el árbol filogenético, la misma rama que dio origen a la cochinilla dio origen, entre otros, a los siguientes tres bichos: chicharra, torito y escupitajo.

Lo que nos dicen las culturas

*Nació para teñirlo todo
con tonos crepusculares*

LA GRANA COCHINILLA

Algunos nombres de la grana cochinilla en lenguas indígenas

N'duco, en mixteco; *Bee*, en zapoteco;
Batz'i chu', en tsotsil; *T'oxt'a*, en hñähñu;
Qalmojua, en chontal; *Mucay*, en maya
y *Nochestli*, en náhuatl.

Sangre de nopal

Los antiguos pueblos de Oaxaca llamaban
nocheztli al tinte derivado de la grana
cochinilla. Ésta es una voz náhuatl
que significa "sangre de nopal".

*Diversos objetos que se usan
para procesar la grana.*

Conocimiento antiguo

Los antiguos mixtecos y zapotecos del estado de Oaxaca
descubrieron, hace cientos de años, que podían obtener
un atractivo tinte tratando el cuerpo muerto y seco
de las grana cochinillas hembras. Como valoraron mucho
este tinte, no sólo desarrollaron técnicas específicas
para producirlo, también aprendieron a domesticar
a la grana cochinilla, a cultivarla.

Una adivinanza

Bichito sencillo
caparazón mágico
al nopal le pide
abrigo y alimento
para que de su concha broten
mil colores intensos.

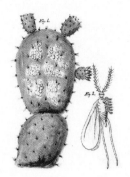

*Penca del nopal con grana y macho
de la grana cochinilla de macetas.*

Diversos usos

Estos pueblos antiguos usaban la grana cochinilla para teñir hilos
para tejidos y telares, dar color a las plumas que usaban como
adorno para fines ceremoniales, decorar templos y palacios,
y adornar piezas de cerámica y joyería.

*Estera o petate con grana
expuesta al sol para que
se seque. Una olla dentro
de otra y, entre las dos, agua
para que muera la grana
que se encuentra al interior.*

Exportación

En la época de la Colonia, los españoles,
que aprendieron a extraer la grana, llevaron
crías de cochinilla a Perú, a Guatemala
y a las Islas Canarias, donde los pobladores
aprendieron a cultivarlas.

Producto comercial

El tinte de la grana cochinilla era realmente
valorado en una amplia región de Mesoamérica.
Era famoso. Por eso, la grana cochinilla
se vendía en los mercados a muy buen precio
y era muy solicitada por los compradores que
venían de lejanas regiones a buscarla.

Moneda

La grana cochinilla también se usaba como moneda en la época prehispánica. Los mexicas, que eran poderosos conquistadores, exigían fuertes tributos a los mixtecos y a los zapotecos, y les pedían que pagaran estos tributos como quisieran, con oro o con grana cochinilla, ¡tanto así valoraban este hermoso tinte!

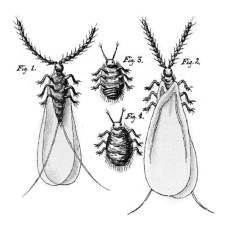

El macho de la grana visto por la parte inferior y superior, y cochinillas vistas con un microscopio.

Competencia

A fines del siglo XIX, en Europa se descubrió la manera de fabricar tintes artificiales y éstos comenzaron a distribuirse alrededor del mundo, lo que ocasionó el colapso del mercado de grana cochinilla. La producción del tinte natural suponía un trabajo manual, delicado y laborioso que no podía competir con los procesos industriales de producir los tintes artificiales. La grana cayó en desuso.

En la actualidad

La grana cochinilla comienza a ser nuevamente valorada por compradores contemporáneos de tapetes, ropa, adornos y pinturas que valoran sus tonos brillantes y sutiles y su origen natural. En Oaxaca, hay comunidades completas que ahora se dedican a la producción de este tinte apreciado. Sin embargo, las difíciles condiciones por las que pasa el campo mexicano hacen compleja la producción de nopaleras extensas que den sustento a la cochinilla, por eso podemos decir que la grana cochinilla corre peligro de extinción.

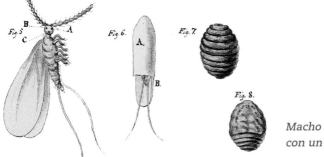

Macho de la grana visto con un microscopio.

Una leyenda

Una leyenda de la región maya cuenta que dos dioses tuvieron que luchar en una cruenta batalla en la que ambos murieron. Durante su lucha y en su agonía, esparcieron su sangre, desde la altura, sobre las pencas de una nopalera inmensa. En señal de reverencia a los hermanos caídos, los demás dioses que contemplaron la batalla pidieron a las nubes que cubrieran con su manto la sangre derramada sobre los nopales. Éste es el origen de los colores crepusculares que produce la grana cochinilla.

Lo que nos dice la Biología

Hemípteros

La grana cochinilla es un hemíptero. Algunos de sus parientes cercanos son la cigarra, los toritos y los insectos espina.

Los parásitos

Un parásito es un ser vivo que se instala sobre el cuerpo de otro ser vivo y le causa daño. Las personas, en ocasiones, tenemos parásitos: virus (como los que nos causan la gripe), bacterias (como las que nos causan, por ejemplo, infecciones en las heridas), protozoarios (como los que nos causan algunos tipos de fiebre y diarrea), o insectos (como los piojos). Las plantas o los animales en los que viven los parásitos se llaman huéspedes. Los parásitos no pueden vivir por sí mismos, viven a expensas de sus huéspedes.

Cochinillas y nopales

La grana cochinilla es un parásito que vive en dos especies de nopales: *Opuntia* y *Nopalea*. Se instala en las pencas y ahí pasa todo su ciclo de vida, desde el nacimiento hasta la muerte.

Los productos teñidos

Los tintes que produce la concha de la grana cochinilla tienen como base un ácido cármico con características especiales: no es tóxico y por eso se puede usar, incluso, en telas para hacer ropa para bebé; resiste altas temperaturas y con él se pueden realizar procesos de teñido especiales; resiste la luz intensa y prolongada sin decolorarse, por lo cual, la calidad de las prendas teñidas con grana cochinilla no se pierde con el paso del tiempo.

Cada especie produce un color distinto

La grana cochinilla es famosa porque, con la concha seca y molida de las hembras, se producen tintes maravillosos que van del amarillo al escarlata y son muy apreciados en la industria textil. La cochinilla plateada produce los rojos más intensos posibles, mientras que la cochinilla silvestre produce tonos morados.

Grillo
Tsitsikamitl

El gran adivino

¿Alguna vez te has imaginado cómo sonaba la noche en la época de los dinosaurios? ¡Pues ahora podemos tener unas increíbles pistas! Un grupo de científicos puso a prueba el aparato estridulador (estructuras con las que algunos animales producen sonido) del fósil de un grillo de ¡hace 165 millones de años! Las alas fosilizadas fueron encontradas en el noroeste de China y pertenecían a un grillo extinto que midió unos 7 cm. Los científicos estudiaron las estructuras de 59 especies actuales de grillo para comprender mejor cómo producen sonido y encontraron que este animalillo prehistórico emitía un tono constante a una frecuencia de 6. 4 kHz durante 16 milisegundos. Esto es suficiente información para reconstruir el sonido, el cual les debió ayudar a evitar depredadores como el dinosaurio con plumas diurno Archaeopteryx. Sin embargo, probablemente, eran un muy buen bocado para los primeros mamíferos. El investigador principal del estudio piensa también que este bicho prehistórico era una criatura nocturna, pues todos los grillos actuales que utilizan llamadas musicales son activos durante la noche. Ahora, cuando veas dinosaurios del Jurásico, imagina sus noches con cantos de grillos.

El grillo

Siendo animales chiquitos, los grillos lanzan su voz con osadía gigante. De sus diminutos cuerpos brotan auténticos conciertos vespertinos que suelen acompañar al sol cuando se va, en las tardes.

Todos los días del año tenemos concierto asegurado, pero la temporada especial, la cumbre artística, se presenta en los meses de marzo y abril, cuando los días son calurosos, cuando la sequía está por todas partes. Entonces, los grillos, como si fueran embajadores de buena voluntad, en nombre de la naturaleza entera, piden la lluvia haciendo gala de sus más bellos cantos.

Su estrategia funciona porque, más temprano que tarde, el cielo se conmueve y, entusiasmado por las notas terrestres que se elevan, deja caer el agua a cántaros. Y los grillos descansan.

Ueyi chipojtli

Maskij kuekuetsitsij ni tsitsikamimej tlauel chikauak tsajtsij. Ipan inpiltlakayo kisa tiotlak tsajtsistli tlen iuaya youi tonatij kemaj onuetsi. Nochi tonali ipan se xiuitl tikinkakis san tlatsajtsitok, kemaj achiok monelchiuiliaj ya nopa ipan marzo uan abril meetstli kemaj tlauel tlatotonia, kemaj tlaauaki. Uakinoj ni tsitsikamim ej keuak momaijtouaj, ika nochi ipalyolistli anotsaj ika tlen yeyektsij inkuikaj. Uan nelia yajatij pampa iluikatl onmoyolpitsaua ika intsajtsilis tsitsikamimej, peua kiualtitlani ueyi xopanatl.

113

Ficha taxonómica

Nombre científico	*Gryllus domesticus*
Familia	*Gryllidae*
Orden	*Orthoptera*
Clase	*Neoptera*
Phylum	*Arthropoda*
Reino	*Animalia*

Orden *Blattod*
(CUCARACH.

El árbol filogenético del grillo

En el árbol filogenético, la misma rama que dio origen al grillo dio origen, entre otros, a los siguientes tres bichos: cara de niño, langosta migratoria y alacrán cebollero.

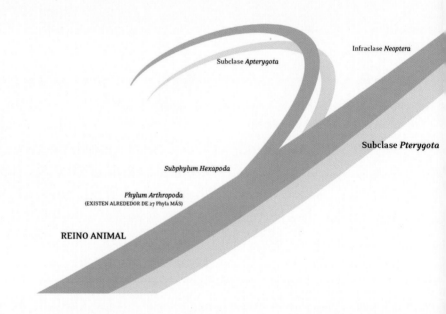

Infraclase *Neoptera*

Subclase *Apterygota*

Subclase *Pterygota*

Subphylum Hexapoda

Phylum Arthropoda
(EXISTEN ALREDEDOR DE 27 Phyla MÁS)

REINO ANIMAL

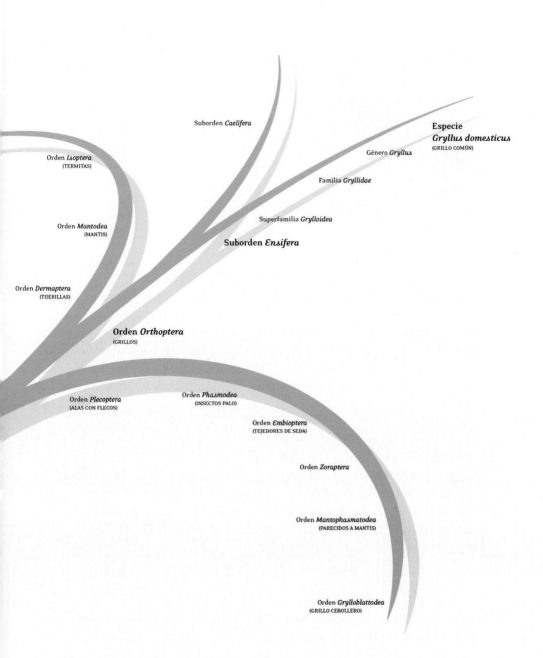

Suborden *Caelifera*

Especie
Gryllus domesticus
(GRILLO COMÚN)

Género *Gryllus*

Orden *Isoptera*
(TERMITAS)

Familia *Gryllidae*

Superfamilia *Grylloidea*

Orden *Mantodea*
(MANTIS)

Suborden *Ensifera*

Orden *Dermaptera*
(TIJERILLAS)

Orden *Orthoptera*
(GRILLOS)

Orden *Plecoptera*
(ALAS CON FLECOS)

Orden *Phasmodea*
(INSECTOS PALO)

Orden *Embioptera*
(TEJEDORES DE SEDA)

Orden *Zoraptera*

Orden *Mantophasmatodea*
(PARECIDOS A MANTIS)

Orden *Grylloblattodea*
(GRILLO CEBOLLERO)

115

Lo que nos dicen las culturas

Canta y no tiene garganta, su oído lo tiene en los pies

EL GRILLO

Algunos nombres del grillo en lenguas indígenas

En la lengua maya, el grillo se llama *máas*. En otros lugares de México llamamos al grillo *chapulín*, palabra que viene de la lengua náhuatl.

Un lugar famoso en la historia de México es el Castillo de Chapultepec, en el que los Niños Héroes lucharon contra la invasión estadounidense, en el año de 1847. Este castillo está en el Cerro del Chapulín, es decir, en Chapultepec, porque *tepec* significa "cerro", en náhuatl.

Gestores de la lluvia

En algunas culturas indígenas, como en la cultura *hñähñu*, las personas piensan que los grillos son capaces de ver la lluvia: allá arriba, en el cielo, acumulada y sin querer caer sobre la tierra. Piensan que con su canto le dicen "ya te vi, no te escondas, ¡cae sobre la tierra!". Piensan que llueve porque los chapulines la llaman.

Los que todo lo saben

Se dice que los grillos todo lo saben, porque son tan chicos y pueden meterse en todas partes sin que nadie los vea. En Italia, cuando todos se dan por vencidos, cuando no pueden comprender algo por más que lo piensan, dicen: "Adivínalo, grillo", porque este bicho es el gran adivino.

Deditos de grillo

Ésta es una receta tradicional de Mesoamérica, nutritiva, abundante en proteínas y carbohidratos y con muy poca grasa. Bien podría considerarse una barra energética como las que comen los atletas para recuperar su fuerza.

Ingredientes
- 1   taza de harina de grillos
- 1   taza de pasas
- 1   taza de cuadritos de fruta seca (como acitrón, higo o calabaza)
- 1   taza de agua

Procedimiento
- Mezcla los ingredientes hasta que tengas una masa espesa.
- Estira la masa y corta tiras que tengan el tamaño de un dedo.
- Coloca las tiras sobre una charola ligeramente engrasada.
- Con el apoyo de un adulto, calienta el horno a 180 grados centígrados
- Mete la charola y déjala en el horno durante 20 minutos o hasta que el exterior tenga un color dorado oscuro y un palillo salga limpio.

Desde la época prehispánica hasta nuestros días, en México, se comen grillos.

 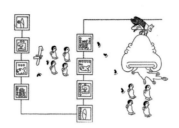 

En estas escenas se observa de forma recurrente el topónimo de Chapultepec.

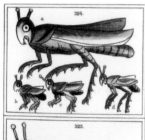

Sahagún hizo, en el Códice Florentino, *una descripción gráfica de la variedad de grillos de la Nueva España.*

La luna y el grillo

En algunas culturas de la India, se piensa que la luna y el grillo están relacionados porque ambos caminan a saltos: el grillo impulsándose con sus largas patas y la luna trepando de manera súbita a la cúpula celeste y cambiando de creciente a llena, de menguante a nueva, como si diera saltos.

Partidas

Entre los mayas, cuando un grillo se mete a la casa y canta parado sobre alguna pertenencia de una persona, está anunciando que ésta se irá pronto.

La enfermedad del grillo

Algunos pueblos de Europa dicen que cuando una persona está llena de melancolía y nostalgia tiene la enfermedad del grillo. Dicen lo mismo de las personas que están enamoradas. Tal vez sea porque el canto del grillo a la hora del crepúsculo a algunos les parece un lamento.

Medicina

Hay algunos grillos, como el grillo prieto de Veracruz, que las comunidades rurales usan para combatir la falta de vitaminas. Los grillos se convierten en verdaderas píldoras vitamínicas. También se consideran útiles  para quitar la tos o, al menos, para reducir su fuerza. Algunos médicos tradicionales usan las patas traseras de los grillos hervidas con otras plantas medicinales para combatir la tos ferina en los niños.

Buena fortuna

En muchas culturas del Mediterráneo, la presencia de un grillo en la casa significa una promesa de dicha. También para la cultura maya el grillo trae buenas nuevas. Cuando salta y aterriza sobre una persona es porque le quiere anunciar que, alguien de lejos, le traerá dinero. Si el grillo es chico, traerá poco dinero, y si es grande, traerá una fortuna.

Jaulitas de oro

Los chinos consideran a los grillos como un símbolo de vida. En ocasiones, los grandes personajes de la China imperial tenían sus grillos favoritos, que conservaban en pequeñas jaulitas de oro como señal de buenaventura.

De la basura al alimento

Hay un grupo de investigadores en el Instituto de Biología de la Universidad Nacional Autónoma de México que, con sus experimentos, está probando que los grillos son capaces de comerse la basura y convertirla en biomasa que resulta útil para la alimentación animal. Es decir, están probando que estos bichos pueden convertir la basura en alimento.

Lo que nos dice la Biología

Nacimiento y maduración

Los grillos nacen de huevecillos que ponen sus madres. No sufren metamorfosis como las mariposas, ellos salen del huevecillo ya formados. Pero antes de nacer todavía no tienen alas: éstas crecen y se desarrollan cuando los grillos ya nacieron. En las primeras semanas, los grillos bebés pueden andar, correr, brincar y masticar su comida, pero no pueden volar. Tampoco pueden cantar. Los grillos bebés cambian muchas veces de piel mientras están creciendo. Las alas aparecen después del último cambio.

El canto

En realidad, los grillos son mudos, no tienen voz. Para producir su música, los grillos levantan sus alas protectoras (sus tegumentos) y los rozan uno con otro. Porque un tegumento tiene un borde agudo mientras que el otro tiene una sierrita, como la que tienen las limas. Al rozar los dos tegumentos, producen lo que escuchamos como música y que llamamos cantos. Las hembras, en general, no los producen, pero gustan mucho del canto de los machos. Ellos, conscientes de esto, despliegan su arte para seducir a las hembras que los escuchan extasiadas.

Son ventrílocuos

Los grillos son grandes ventrílocuos: son capaces de lanzar su sonido en todas las direcciones para que los otros animales no sepan de dónde proviene el canto y así no puedan encontrarlos.

Oídos

Los oídos de los grillos, cosa extraña, están en las patas delanteras, justo debajo de la articulación de la rodilla.

En la naturaleza, los grillos, junto con sus parientes los saltamontes y las langostas, son los campeones de salto. Las patas de los grillos están dispuestas de tal manera que les permiten dar saltos inmensos si tomamos en cuenta su pequeño tamaño. Sus saltos son grandes por la altura que alcanzan y también por la distancia.

Sus alas

Los grillos tienen alas que les permiten volar. Son alas semicirculares que se abren y cierran, como abanicos. Cuando no las usan, los grillos doblan cuidadosamente sus alas en pliegues rectos y las guardan bajo un par de alas protectoras, más fuertes, que tienen en la parte delantera de su cuerpo.

Metamorfosis

Muchas de las alas de volar son de colores muy hermosos. Pero las alas delanteras (las alas protectoras) no son tan atractivas porque los grillos necesitan ocultarse en los pastos y las ramas de su entorno. Por eso, las alas delanteras son de algún tono de verde o café claro, para confundirse con el color del suelo o del follaje.

Hormiga
(*Myrmica rubra cf.*)

Hormiga
Askatl

Eficiente, social y organizada

El 26 de diciembre de 2021, falleció Edward O. Wilson, cariñosamente llamado "El verdadero Ant-Man". Recibió este sobrenombre no porque tenga un traje especial que lo haga pequeño, sino porque dedicó toda su vida a estudiar el increíble mundo de las hormigas. Algunas veces le preguntaron que si era tan brillante, por qué no mejor estudiaba leones o ballenas. Él respondía que las hormigas están en todos lados, sabemos muy poco de ellas y son extremadamente interesantes. Observando su comportamiento, elaboró algunas de las teorías más importantes de la Biología, como la teoría de la biogeografía de islas, que sirvió de base al campo del diseño de áreas de conservación. Varias especies animales han sido nombradas científicamente en su honor, sobre todo, especies de hormigas, así como una especie de ave y otra de murciélago. A lo largo de su vida, Edward nos enseñó que los detalles más pequeños de la vida a veces son los más importantes. Por cierto, la ciencia que estudia a las hormigas se llama Mirmecología.

La hormiga

¿Cómo aprendió la hormiga tantas artes? Cultiva, cosecha y almacena, nutre a las crías como nodriza experta y capacita a las recién nacidas; explora, construye y guerrea, es cariñosa y gentil con sus semejantes y, cuando quiere, su toque se vuelve una caricia delicada.
¿Cuándo desarrolló tantas destrezas?

Askatl

¿Kenijkatsaj momachtij miak tlamantli ni askatl?
Tlatooka, pixka uan tlaajkokui, kintlamaka uan kinmachtia
ipilkoneuaj, ontlajtlachia, mokalchiua uan nojkia tlateuia.
Kuali iniuaya mouika iuampoyouaj, kemaj kineki, uelis
mopanpanos ika pankuali. ¿Kenijkatsaj uan kemaya
onmomachtij tlauel miak tlamantli?

REINO ANIMAL

Phylum Arthropoda
(EXISTEN ALREDEDOR DE 27 Phyla MÁS)

Subphylum Hexapoda

Subclase *Pterygot*

Ficha taxonómica

Nombre científico	*Atta spp. (hormiga arriera)*
Familia	*Formicidae (hormigas)*
Orden	*Hymenoptera (alas membranosas)*
Clase	*Insecta (en secciones)*
Phylum	*Arthropoda*
Reino	*Animalia*

El árbol filogenético de la hormiga

En el árbol filogenético, la misma rama que dio origen a la hormiga dio origen, entre otros, a los siguientes tres bichos: avispa de terciopelo, abejorro y abeja.

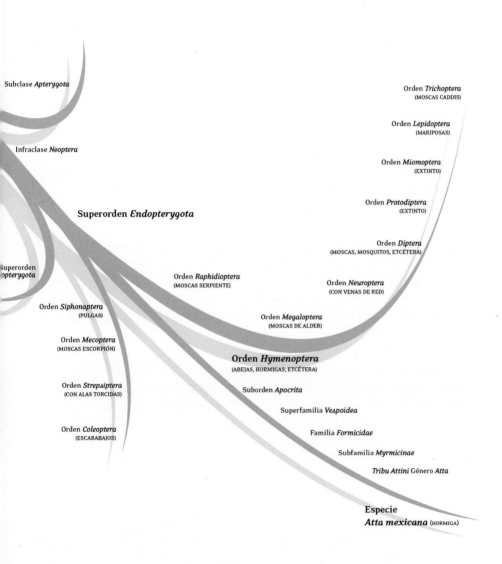

Subclase *Apterygota*

Infraclase *Neoptera*

Superorden *Endopterygota*

Superorden *pterygota*

Orden *Raphidioptera*
(MOSCAS SERPIENTE)

Orden *Siphonaptera*
(PULGAS)

Orden *Mecoptera*
(MOSCAS ESCORPIÓN)

Orden *Strepsiptera*
(CON ALAS TORCIDAS)

Orden *Coleoptera*
(ESCARABAJOS)

Orden *Megaloptera*
(MOSCAS DE ALDER)

Orden *Hymenoptera*
(ABEJAS, HORMIGAS, ETCÉTERA)

Suborden *Apocrita*

Superfamilia *Vespoidea*

Familia *Formicidae*

Subfamilia *Myrmicinae*

Tribu Attini Género *Atta*

Orden *Neuroptera*
(CON VENAS DE RED)

Orden *Trichoptera*
(MOSCAS CADDIS)

Orden *Lepidoptera*
(MARIPOSAS)

Orden *Miomoptera*
(EXTINTO)

Orden *Protodiptera*
(EXTINTO)

Orden *Diptera*
(MOSCAS, MOSQUITOS, ETCÉTERA)

Especie
Atta mexicana (HORMIGA)

Lo que nos dicen las culturas

*Amiga, hermana
y socia solitaria*

LA HORMIGA

Azcapotzalco

Azcapotzalco significa "lugar de los pequeños hormigueros". Proviene del náhuatl *azcatl*, que significa "hormiga"; *putzalli*, que significa "montículo" o "tierra levantada"; *tontli*, que significa "diminuto" y *co*, que significa "lugar". El símbolo antiguo de Azcapotzalco es una hormiga roja rodeada por granos de maíz, sobre las piernas de la abundancia.

Leyenda tolteca

Según dice la leyenda tolteca, la mujer y el hombre ya habían sido creados, pero habían muerto y sus restos yacían en la región de *Mictlán*, en el temido inframundo.

Quetzalcoatl, el mayor dios tolteca, había sido encargado de volver a crear a la humanidad a partir de los huesos de sus antepasados. Pero no encontraba estos huesos por ninguna parte. Entonces, las hormigas le mostraron el camino al subsuelo y *Quetzalcoatl* encontró los restos de los antepasados. Para sacarlos del inframundo se convirtió en hormiga. Pero, con las prisas, los huesos se le cayeron en el camino. Al salir, los arregló lo mejor que pudo, pero no le quedaron armados igual. Ésta es la razón por la que algunas personas son más pequeñas que otras.

Tacos de hormiga

Ingredientes

2 cucharadas de mantequilla o aceite de cacahuate
3 chiles finamente picados
1 tomate bien picado
1 buen manojo de cilantro finamente picado
tortillas
medio kilo de hormigas
pimienta, comino, orégano

Procedimiento

Se calienta la mantequilla o el aceite en una sartén y se fríen las hormigas. Se añaden los chiles y el tomate. Se sazona con sal. Se espolvorean la pimienta, el comino y el orégano al gusto. Se sirve y se adorna con cilantro.

Descripción de una picadura de hormiga.

Hormigas estofadas

Ingredientes
medio kilo de hormigas
medio kilo de chícharos tiernos ya cocidos
1 cebolla tierna
sal y pimienta
30 gramos de mantequilla
50 gramos de tocino

Procedimiento
Se fríe el tocino cortado en trocitos con la mantequilla y con la cebolla entera. Cuando el tocino empieza a dorarse, se ponen los chícharos y un poco de sal. Se añaden las hormigas, se mezclan bien con todos los ingredientes y se espolvorea la pimienta. Al servir, se retira la cebolla.

En el topónimo de Atzcapotzalco se ven hormigas.

Los tepehuanos
La leyenda tepehuana dice que, en el principio, la hormiga era la única que conocía el sitio en el que se encontraba el maíz, pero no quería revelar su secreto a las personas. Desesperados, los antiguos tepehuanos tuvieron que solicitar directamente a *Ku'kuru*, la diosa madre del maíz, que les dijera cómo cultivar la maravillosa planta. En lugar de ir a recoger el maíz al lugar secreto de la hormiga, tuvieron que aprender a cultivarlo.

Los cucapás

Entre los cucapás, la hormiga es importante porque, de acuerdo con sus leyendas, después de un terrible diluvio que lo inundó todo, no podían sembrar maíz porque las semillas se ahogaban. Entonces, los dioses le pidieron a la hormiga que secara la tierra para que el maíz creciera sin ahogarse. Y la hormiga logró secarla.

Los mixtecos

Para algunas comunidades de la mixteca oaxaqueña, el vuelo nupcial de las hormigas chicatanas anuncia el inicio de las lluvias.

Los chontales

Cuenta la leyenda chontal que, en el principio de los tiempos, la hormiga era la única que conocía el sitio en el que se encontraba el maíz: adentro de una gran roca. Contó el secreto a las personas que en aquellos tiempos remotos no tenían alimento. Las mujeres y los hombres pidieron al trueno que los ayudara. El trueno partió con su poder la roca y de ella brotaron cientos de mazorcas cargaditas de granos, justo como les había dicho la hormiga que sucedería.

Los nahuas

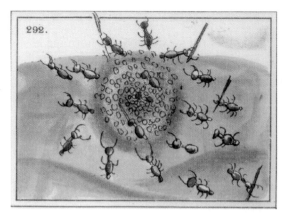

Las comunidades nahuas de Guerrero dejan olotes de maíz sobre los hormigueros para que las hormigas los huelan y se acuerden de pedir al viento colorado que traiga las lluvias. Es que ellas son las encargadas, pero se les olvida.

Los chichimecas

Con alcohol, hormigas, ajo y algunas hierbas medicinales que conocen los médicos tradicionales, algunas comunidades chichimecas alivian los dolores reumáticos.

Los toltecas

Cuenta la leyenda tolteca que los primeros hombres y mujeres aprendieron que el maíz es un nutrimento cuando vieron cómo lo valoraban las hormigas, cómo lo cargaban hasta sus hormigueros. Los toltecas supusieron que el grano tenía un gran valor. Lo probaron como alimento y así descubrieron que el maíz saciaba su hambre y les daba vigor. ¡Habían descubierto un alimento para la humanidad!

Lo que nos dice la Biología

Su cuerpo

El cuerpo promedio de la hormiga varía según la especie. Algunas miden dos o tres milímetros de largo y otras alcanzan un centímetro o más. Tiene una cabeza plana y un cuerpo largo dividido en dos partes separadas por una cintura muy delgada. Tiene seis patas finas, largas y fuertes que le permiten correr con velocidad. Tiene un par de mandíbulas poderosas que le sirven para transportar, excavar y pelear. Sus antenas les sirven, entre otras cosas, para comunicarse. Las reinas y los zánganos, en un momento de sus vidas, tienen alas que utilizan en el vuelo nupcial.

Ciclo de vida

La reina pone huevecillos fecundados. De los huevos nacen larvas que maduran poco a poco bajo la mirada atenta de las hormigas obreras que las limpian, acompañan y alimentan. Cuando maduran las larvas, permanecen en cámaras especiales y ahí realizan una metamorfosis hasta convertirse en hormigas. Pero no pueden salir solas de las cámaras, necesitan que las obreras las saquen. Al salir, las obreras dedican dos días a presentar a las recién nacidas el hormiguero y sus rutinas y, después de esos dos días, las nuevas hormigas inician sus propias vidas como obreras.

División del trabajo

La vida en estas ciudades subterráneas
es interesante porque cada personaje tiene
su propia tarea específica. En los hormigueros
hay una estricta división del trabajo.

Su casa

En el reino animal hay pocas maravillas
semejantes a las colonias en las que viven
las hormigas bajo el suelo o en troncos secos.
Desde fuera, los hormigueros no parecen
interesantes, parecen simples colinas
de tierra sobre el suelo. Lo interesante
está en el subsuelo. Las construcciones
de las hormigas son verdaderas ciudades
perfectamente limpias y ordenadas que
tienen almacenes, dormitorios, cámaras
de gestación, cuartos de niños, zonas de
cultivo y corrales para animales domesticados
que les proporcionan miel.

Además, tienen largos pasillos que
se ramifican, que suben, que bajan y que,
en conjunto, constituyen un auténtico
laberinto que nadie, salvo las hormigas
mismas, pueden recorrer sin perderse.

Vuelo nupical

En épocas específicas, cuando el clima
es cálido, en lugar de salir de las pupas
hormigas obreras, sin alas, aparecen
jóvenes hormigas que tienen cuatro alas.
Son las reinas y los zánganos, que salen del
hormiguero por millares y comienzan un vuelo
nupcial en el que los zánganos fecundan a las
reinas. No todas las reinas regresan a casa;
algunas son comidas por pájaros que las
cazan al vuelo; otras inician sus propios
hormigueros. Una vez fecundadas dedican
el resto de sus vidas a poner huevos.
Al regresar de su vuelo, las reinas mismas
se arrancan las alas, pues nunca más las usarán.
Los zánganos, en cambio, no son recibidos
ya en el hormiguero y permanecen afuera
hasta que mueren.

Tareas relacionadas con el servicio a las reinas

Acompañar a la reina como damas de honor; mantenerla limpia y bien alimentada; acariciar las alas de la reina con cuidado; recibir a la reina cuando regresa del vuelo nupcial y acompañarla mientras pone los huevecillos.

Tareas relacionadas con la alimentación

Salir en busca de provisiones y traerlas a casa; recibir provisiones, hacer con ellas composta y sobre la composta sembrar hongos que servirán de alimento a las hambrientas larvas; almacenar granos y semillas; en algunos casos, cuidar y sacar al sol para que chupen a los rebaños de pulgones que, al llenarse de miel, pueden ser ordeñados; en algunas especies, chupar miel ellas mismas hasta llenarse y colgarse del techo de las galerías para que otras hormigas vengan a tomar la miel que hay en ellas.

Tareas relacionadas con la crianza

Llevar los huevecillos que pone la reina
a celdas especiales; vigilar las larvas que
se desarrollan, mantenerlas limpias,
alimentarlas y separarlas por edades;
en las noches, llevar a las larvas a galerías
más profundas que son más cálidas;
en el día, llevar a las larvas a las galerías
superiores que son más frescas; en días
calurosos llevar las larvas a la superficie
para que reciban los rayos del sol; tocar
a las larvas con delicadeza como
acariciándolas; acompañar a las nuevas
hormigas para mostrarles la ciudad
y sus rutinas.

Tareas relacionadas con el hormiguero mismo

Conseguir materiales de construcción,
edificar nuevas galerías, reparar las galerías
que se caen o descomponen; ordenar
y mantener limpias las galerías subterráneas;
mantener limpios y libres de obstáculos
los caminos externos que salen del
hormiguero y abrir nuevos senderos.

Mariposa
Papalotl

Eficiente, social y organizada

¿Existe otra migración como la de las mariposas monarca? Aunque es muy conocido el viaje increíble que hacen todos los años desde Canadá hasta México y de regreso, no es la única gran migración de mariposas en el mundo. Recientemente se demostró que una mariposa llamada Dama pintada (*Vanessa cardui*) hace un espectacular viaje de ida y vuelta que en total suma ¡más de 14 500 km! Esto es casi el doble que el de la monarca. Este viaje lo realiza en una serie de seis generaciones sucesivas, desde el África tropical hasta el Círculo Polar Ártico. Esto no se había registrado antes, hasta que biólogos pusieron marcas en las alas de algunas de ellas y utilizaron una técnica de isótopos estables de hidrógeno. También sabemos que hay otras grandes migraciones en la India asociadas a las lluvias torrenciales o monzones. Ya sea en México o en otras partes del mundo, hay que cuidar a nuestras mariposas y sus espectaculares migraciones.

La mariposa

Con toda su hermosura, la mariposa es una joya de color que flota suavemente entre las flores del jardín y se confunde con ellas: ligera, ocupada de nada, libando miel y viento. Al verla, nadie parece recordar que hace apenas muy poco su vida terrenal consistía en comer y sólo en eso. Después de la metamorfosis, la altura y la suprema levedad es todo lo que importa.

Papalotl

Ika nochi iyektlakayo, ni papalotl keuak se tlapalchiuali tlen tlajmajtsij patlantinemi ipan xochimili uan iniuanmouikaltia xochitinij: akasotsij, san nemi, nekonitinemi. Kemaj se kiita, sanijki axakaj kiijlamiki para sanok onpanotok kemaj san tlakuajtoya. Kemaj mopapalochiuaya keuak san tlauajkapaj uan tlaakasopaj kiteemoua.

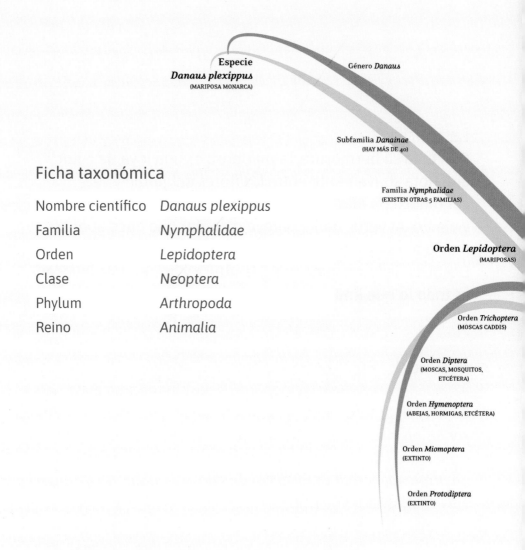

Especie
Danaus plexippus
(MARIPOSA MONARCA)

Género *Danaus*

Subfamilia *Danainae*
(HAY MÁS DE 40)

Familia *Nymphalidae*
(EXISTEN OTRAS 5 FAMILIAS)

Orden *Lepidoptera*
(MARIPOSAS)

Orden *Trichoptera*
(MOSCAS CADDIS)

Orden *Diptera*
(MOSCAS, MOSQUITOS, ETCÉTERA)

Orden *Hymenoptera*
(ABEJAS, HORMIGAS, ETCÉTERA)

Orden *Miomoptera*
(EXTINTO)

Orden *Protodiptera*
(EXTINTO)

Ficha taxonómica

Nombre científico	*Danaus plexippus*
Familia	*Nymphalidae*
Orden	*Lepidoptera*
Clase	*Neoptera*
Phylum	*Arthropoda*
Reino	*Animalia*

El árbol filogenético de la mariposa

En el árbol filogenético, la misma rama que dio origen a la mariposa dio origen, entre otros, a los siguientes tres bichos: morpho azul, cuatro espejos y palomilla.

Orden *Megaloptera*
(MOSCAS DE ALDER)

Orden *Raphidioptera*
(MOSCAS SERPIENTE)

Orden *Neuroptera*
(CON VENAS DE RED)

Orden *Coleoptera*
(ESCARABAJOS)

Orden *Strepsiptera*
(CON ALAS TORCIDAS)

Orden *Mecoptera*
(MOSCAS ESCORPIÓN)

Orden *Siphonaptera*
(PULGAS)

Superorden *Exopterygota*

Superorden
Endopterygota

Infraclase *Neoptera*

Subclase *Pterygota*

Subphylum Hexapoda

Subclase *Apterygota*

Phylum Arthropoda
(EXISTEN ALREDEDOR DE 27 Phyla MÁS)

REINO ANIMAL

Lo que nos dicen las culturas

*Ligera como papel
de arroz al viento*

LA MARIPOSA

Algunos nombres de la mariposa en lenguas indígenas
Papalotl, en náhuatl, quiere decir "mariposa".
Ocuilpapalotl, en náhuatl, quiere decir "gusano mariposa".
Tlamachihuaniqui, en náhuatl, quiere decir "gusano medidor".
Cochipilotl, en náhuatl, quiere decir "capullo" o "el que duerme colgado".
Thenkue y xä´ue, en náhuatl, quiere decir "gusanos de maguey".
Pepén o x'majan-nai, en maya, quiere decir "mariposa".
Yo xepje, en mazahua, quiere decir "mariposa".
Tumu, en *hñähñu*, quiere decir "gusano de mariposa".

Topónimo
Papaloapan quiere decir "río de las mariposas".
Papalotepec quiere decir "cerro de las mariposas".

Mariposa Cristata

La mariposa

Allá viene el ave hermosa de los dioses
como un repicar de sonidos viene
anda chupando la miel
¡qué deleite!

Ya viene la mariposa viene y viene volando
ya abre su corazón
¡es una flor!

Como le pasa a la mariposa nocturna
que de noche se llega a la candela
por amor a la luz que la deleita
y se quema.

Así me pasó a mí
que pensé de ganar algo
y perdí lo que llevaba
al arriesgarme

Anónimo de Tenochtitlan

1..2...Eubule. Linn. p. 764.
3..4..Trite. Linn. p. 763.
5..6..Quinatzin. Sp. N.
7..8...Jatrophae. Linn. p. 779.

Mariposas Jatrophae.

Almas

Diversas culturas de Mesoamérica consideran que las mariposas son las almas de los guerreros que mueren en batalla. Estos guerreros acompañan al sol en su recorrido diario durante cuatro años. Al terminar este ciclo, se convierten en mariposas. Muchas culturas del mundo, entre ellas la griega antigua, consideran que las mariposas son las almas de los difuntos o las representan. En Japón, la mariposa simboliza a la mujer. En la cultura maya, cuando una mariposa entra a la casa, anuncia que va a llover.

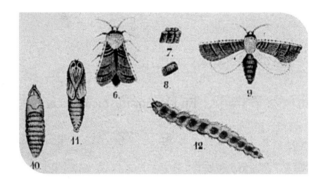

Zona de refugio

Algunas comunidades mazahuas y *hñähñus* de los estados de México y Michoacán, en los meses de invierno, comparten sus bosques con las mariposas monarca, famosas por sus largas migraciones anuales. La superficie de estos bosques se divide en ejidos y propiedades comunales. La zona que visitan las monarca es una zona de refugio, es una zona protegida y está formada por 59 ejidos, 13 comunidades indígenas y 21 pequeñas propiedades privadas. Las comunidades indígenas han aprendido a respetar y cuidar sus bosques y, al hacerlo, respetan y cuidan la vida de las mariposas migrantes.

Mariposas Quinatzin.

Sahagún hizo una gran descripción de las diferentes mariposas que vio en la Nueva España.

Arte

En las manifestaciones artísticas de diversas culturas mesoamericanas está presente la mariposa en murales, tocados, piezas de cerámica, braceros o pinturas diversas. Entre las antiguas construcciones de Palenque, en la zona maya, existe un hermoso templo con mariposas.

Bosques dorados

En su región de refugio, durante la noche, las mariposas monarca se apiñan en racimos infinitos en las ramas de los árboles y, en el bosque, todo luce gris silencioso. Pero al recibir los primeros rayos del sol, las mariposas vuelan por miríadas y pintan el espacio con esplendorosos tonos dorados. Para que muchos gocen de este espectáculo memorable, los comuneros ofrecen visitas guiadas que transcurren por senderos controlados, para garantizar la tranquilidad tanto del bosque, como de las mariposas monarca. Estas visitas representan una fuente de ingresos para las comunidades.

Mariposas Phalacna.
Mariposa Festiva.

Gastronomía

En la Ciudad de México existe un Museo de la Gastronomía con una amplia biblioteca que ofrece diversas recetas, muchas de ellas prehispánicas. Ahí podemos darnos cuenta de lo mucho que valoraban los pueblos originarios a las orugas (llamadas gusanos). De manera especial, apreciaban a los gusanos rojos del maguey que los nahuas llaman *thenkue*, los cocinaban de muchas formas diversas. Este gusano se come en salsa de chile de árbol, en tortitas o, simplemente, asado sobre un comal. Algunas personas lo ponen a secar y lo agregan, pulverizado, a la sal de mesa. Aquellos que gustan del delicioso gusano tienen un competidor: el zorrillo, que comparte sus gustos gastronómicos con los humanos.

Lo que nos dice la Biología

Lepidópteros

La mariposa pertenece a uno de los grupos más grandes de seres vivos, los lepidópteros, que tienen alas cubiertas con escamas (en griego, *lepis* significa "escama" y *pteron,* "ala"). Actualmente, en todo el mundo se conocen alrededor de 180 mil especies de mariposas. Los ancestros más antiguos de las mariposas vivieron hace aproximadamente 212 millones de años, en las épocas en que los dinosaurios aún poblaban la Tierra.

Sus lugares

Como las mariposas se alimentan de todo tipo de plantas, encuentran alimento en cualquier clima y viven prácticamente en todo el mundo, con excepción de los polos. Algunas especies, como la monarca, migran de un sitio a otro lugar lejano siguiendo rutas ancestrales, guiándose por señales invisibles que aprenden a detectar sin nunca antes haberlas visto.

Mariposas Phalacna.
Mariposa Festiva.

Las larvas

Cuando los huevecillos eclosionan, salen unas larvas diminutas que se conocen como orugas y pueden tener formas y colores fantásticos que, en ocasiones, las hacen parecer monstruos, serpientes o payasos. Puesto que su consigna es crecer y fortalecerse, las orugas son seres voraces: se comen la cáscara de sus propios huevos y devoran todas las hojas que encuentran a su alrededor. Tienen una cabeza redonda con un par de mandíbulas muy fuertes. En la parte frontal tienen un par de antenas diminutas y seis ojos que no son más que pequeños puntos transparentes que reflejan la luz y realmente no les sirven para ver. Sin embargo, esto no importa demasiado a las larvas que sólo piensan en comer todo lo verde tierno que encuentran.

Los huevecillos

Las mariposas ponen su huevecillos en distintas partes: una flor, una hoja o una roca. Algunas, ponen sus huevecillos sueltos en cualquier lugar y de cualquier manera. Otras, los forman en pequeños racimos, en hileras o en anillos. Pero siempre los fijan con un pegamento firme, para que no se caigan o los mueva el viento. Los huevos tienen una cubierta dura y una cubierta de cera, para evitar la desecación. Sus formas y colores son diversos: chatos, redondos, planos, en forma de palillo, blancos, amarillos, verdes pálido, marrones o casi negros y aún otros más están salpicados con distintos colores. Su tamaño no es mayor a un milímetro.

Metamorfosis

La pupa, en la crisálida o en el capullo, sufre una compleja metamorfosis. El tórax adquiere seis segmentos y en cada uno aparece un par de patas. En el último segmento (el tarso) tienen unos órganos para probar líquidos dulces. En los segmentos segundo y tercero del tórax brotan las alas. En la cabeza crecen las delicadas antenas. Los seis ojos que tenía la larva se convierten en dos eficaces ojos compuestos por miles de pequeñas lentes. Desaparecen las mandíbulas que servían a la larva para masticar y crece una probóscide o espiritrompa delgada que permite a la mariposa adulta alimentarse del néctar de las flores y beber con delicadeza. Cuando la mariposa no usa esta trompa, la enrolla sobre sí misma para guardarla.

Las pupas

En un momento de su ciclo de vida, las larvas que ya han crecido lo suficiente buscan un lugar adecuado que les sirva de refugio contra el frío, el viento y los depredadores. Entonces, se convierten en pupas. Las pupas de muchas mariposas diurnas desarrollan una cubierta especial que las resguarda y les ofrece camuflaje para distraer a los depredadores. Cuando tienen esta cubierta se les llama *crisálidas*. Las pupas de otras mariposas, especialmente las nocturnas o palomillas, tejen un capullo con seda que ellas mismas producen. Mientras están en la crisálida o en el capullo, las pupas se convierten en mariposas adultas.

Los adultos

Tarde o temprano ocurre el milagro: la pupa se agita y, con rápidas sacudidas, abre el capullo o la crisálida y emerge transformada. Al salir, tiembla, parece un ser frágil e indefenso, sus alas están arrugadas, húmedas y pegadas al cuerpo. Pero el calor del sol las seca lentamente y la mariposa bombea *hemolinfa* (la sangre de los insectos) por las venas de las alas, para darles rigidez. Cuando está lista, aletea una o dos veces y, en un breve instante, con gran destreza, se lanza al aire para iniciar el primer vuelo de su vida.

Murciélago
(*Pteropus sp.*)

Murciélago
Tsotso

Ecolocalizador, ecolocalizable

Cada vez hay más investigación sobre los beneficios que obtenemos a partir de los murciélagos, pero algo más interesante aún son las relaciones que tienen entre ellos. Cada vez se nos muestran como seres altamente complejos e interesantes. Uno de estos extraordinarios ejemplos se da en el vampiro común (*Desmodus rotundus*): si un individuo de la colonia no comió, otros se acercan y le comparten boca a boca de su alimento para que su compañero no muera de hambre. En las grandes colonias existen tías que cuidan de los pequeños murciélagos cuando, por las noches, las madres salen en busca de comida volando hasta 100 kilómetros. Cuando la madre regresa, debe localizar a su pequeño entre cientos o miles de crías. Gracias a un sonido especial, ambos se pueden encontrar y, finalmente, la hembra la amamanta. ¡Los murciélagos no dejan de sorprendernos!

El murciélago

Dice el viejo acertijo: "Estudiante que estudias a la luz de la luna, ¿qué animal tiene alas, pero no tiene plumas?". A la luz de la luna, porque prefieren la oscuridad de una cueva solitaria o de un campanario abandonado, así vemos pasar a los murciélagos que nos admiran con sus giros súbitos y con su ligereza. ¿Qué extraño señor les regaló el don del vuelo? ¿Conocen, en realidad, el inframundo? Y si lo conocen, ¿en verdad son capaces de recorrerlo inmunes? Habrá que preguntar a las flores, pues son las únicas que los conocen de cerca y cara a cara.

Tsotso

Kiijtoua se tlajlamikilistli: "Momachtijketl tlaj titlaixpoua ika meetstonali: ¿tlen yolkatl kipia iejtlapal uan amo kipia iijuiyo?" Ika meetstonali, pampa kinpaktia ostotipaj kampa tsintlayouatok o teopankaual, tikinitaj panoj tsotsomej san papatlakatokej uan ika tlalochtli moyaualouaj. ¿Ajkia tekojtli kinmakak inpatlanilis? ¿Nelnelia kiixmatij miktlanpa? Uan tlaj kiixmatij ¿Nelia uelij nopanoj nemij uan amo tlen inpanti? Achi kuali ma se kintlajtlanili ne xochitinij pampa san ya inijuantij kuali kinxayakixmatij.

Ficha taxonómica

Nombre científico *Tadarida brasiliensis*

Familia *Molossidae*

Orden *Chiroptera*

Clase *Mammalia (mamíferos)*

Phylum *Chordata*

Reino *Animalia*

Orden *Rodentia*
(ROEDORES)

Orden *Lagomorpha*
(CONEJOS)

Orden *Proboscidea*
(ELEFANTES)

Orden *Insectivora*
(TOPOS, COLUDOS, ETCÉTERA)

Orden *Pholidota*
(PANGOLÍN)

Subclase *Monotrema*

Orden *Perissodactyla*
(CABALLO, TAPIR, ETCÉTERA)

Orden *Artiodactyla*
(JIRAFA, CAMELLO, ETCÉTERA)

Orden *Tubulidentata*
(AARDVAK)

Orden *Sirenia*
(MANATÍES)

Orden *Chiroptera*
(MURCIÉLAGOS)

Familia *Molossidae*
(EXISTEN OTRAS 18 FAMILIAS)

Orden *Dermopter*
(LEMÚRES VOLADOR

Orden *Hyracoidea*
(EXTINTO)

Orden *Desmost*
(EXTINTOS)

Género *Tadarida*

Especie
Tadarida brasiliensis
(MURCIÉLAGO MEXICANO DE COLA LIBRE)

REINO ANIMAL

Phylum Chordata
(EXISTEN ALREDEDOR DE 27 Phyla MÁS)

Subphylum Vertebrata

Clase *Mammalia*
(MAMÍFEROS)

Clase *Synapsida*
(REPTILES PARECIDOS A MAMÍFEROS)

Subclase *Marsupialia*

Clase *Sauropsida*
(REPTILES EXTINTOS)

Clase *Aves*
(AVES)

Subclase *Placentaria*

Clase *Amphibia*
(ANFIBIOS)

Orden *Cetacea*
(BALLENAS)

Orden *Primates*
(PRIMATES)

Clase *Osteichthyes*
(PECES CON HUESOS)

Orden *Carnivora*
(OSOS, LOBOS, ETCÉTERA)

Clase *Chondrichthyes*
(PECES CARTILAGINOSOS)

den *Xenarthra*
MADILLOS, HORMIGUEROS,
ETCÉTERA)

rden *Scandentia*
ARECIDOS A ARDILLAS)

El árbol filogenético del murciélago

En el árbol filogenético, la misma rama que dio origen al murciélago
dio origen, entre otros, a los siguientes tres bichos: vampiro, zorro
volador y rinolofo.

157

Lo que nos dicen las culturas

Lo guía un sonar misterioso y preciso

EL MURCIÉLAGO

Algunos nombres del murciélago en lenguas indígenas

Tzotz, en maya; *Bissié*, en zapoteco; *Tsotso* o *tzinacan*, en náhuatl; *Sot'etik*, en tseltal; *Sot'etik*, en tsotsil y *Quimich papalotl*, en náhuatl de Guerrero, quiere decir "ratón/mariposa".

El castellano

La palabra castellana murciélago viene del latín *mus caecus alatus* y significa "ratón ciego alado". Porque *mus, muris* significa "ratón"; *caecus* significa "ciego"; y *"ala"* significa "ala". Aunque ahora sabemos que los murciélagos no son ciegos y gozan de muy buena vista. Pueden ver todo, menos los colores.

Topónimos

En el Estado de México, hay un lugar cerca de Toluca con un nombre de origen náhuatl, es Tzinacanoztoc, el lugar de los murciélagos. Esta localidad está representada en el *Códice Mendocino* con un jeroglífico que representa un cerro, con un murciélago en su cima. En Chiapas está Zinacantán, "el lugar donde viven los tsotsiles".

Un murciélago con el don del habla

Cuenta la leyenda maya que a un enano que fue rey de Uxmal le ayudó a llegar al trono un misterioso murciélago que tenía el don del habla. Una de las pruebas que el candidato tuvo que superar fue adivinar cuántos frutos había en las ramas de una gran ceiba. Cuando le hicieron la pregunta, dijo: "Hay diez veces cien mil; dos veces sesenta y tres veces tres". Todos se quedaron pensando cómo comprobarían esta respuesta. Entonces llegó el murciélago y dijo con su seguridad de mago: "El aspirante al trono dice la verdad". Y fue así como el enano salió airoso de la prueba.

Gente murciélago

Además de llamarse a sí mismos *batsil winik'otik* (hombres verdaderos), los tsotsiles se nombran *sots'il winik* (hombres murciélago).

Los chinacos

La palabra *tzinacan* (murciélago) dio origen a la palabra *chinaco*. A los guerrilleros insurgentes del sur se les llamaba chinacos porque se escondían en cuevas durante el día y sólo salían a pelear, en la guerra, durante la noche.

Un premio

En Guerrero, se llama a los murciélagos *quimich papalotl* (*quimich* significa "ratón" y *papalotl* significa "mariposa") porque se piensa que son ratones viejos que, al alcanzar la ancianidad, consiguen alas.

Divinidades

Muchas culturas indígenas clásicas consideran que los murciélagos son dioses o mensajeros de los dioses y guardan para ellos un lugar de honor. La figura del murciélago aparece, por ejemplo, en estelas, códices y vasijas de las culturas clásicas maya, mexica y olmeca. El murciélago también aparece forjado en oro, en piezas de la cultura inca. Existen algunas piezas de cerámica con formas de murciélago que vienen de algunas culturas indígenas que florecieron en Santo Domingo y Cuba.

En la cultura zapoteca, el murciélago era uno de los animales del Dios Murciélago, conocido como Piquete Ziña y relacionado con el maíz

Seres malignos

Algunas culturas consideran que los murciélagos son seres malignos. Los mayas relacionan al murciélago con la muerte, los sacrificios y la oscuridad. Hay un personaje maya, *Camazotz*, el murciélago de la muerte, que cortó la cabeza a los Héroes Gemelos de la mitología maya.

Seres del inframundo

Entre los zapotecos clásicos, una de las deidades más poderosas de Monte Albán fue el murciélago, puesto que vive en cavernas y representa el inframundo, con todas sus fuerzas. Los zapotecos de Monte Albán consideraban que la vida no terminaba con la muerte, sino que había un camino después de la muerte que llevaba a un lugar de la felicidad. Cuando una persona moría, se celebraban grandes fiestas para entregarla, de manera simbólica, al murciélago para que él le enseñara a correr, caminar y volar por los laberintos del inframundo, para que el muerto recorriera su camino con éxito.

Zutz balum

Entre los chontales de Tabasco existen seres sobrenaturales. Uno de ellos es *zutz balum* (hombre/murciélago/jaguar). Cuando aparece, los chontales lo perciben porque tiene un olor a chicozapote que es característico.

Lo que nos dice la Biología

Las alas

Para llegar a ser lo que son, los murciélagos
evolucionaron a lo largo de 50 millones
de años. Alargaron de manera increíble
sus dedos y estos dedos largos les sirvieron
como estructura de soporte para una
membrana de piel muy fina que se une
a las patas traseras y, algunas veces, a
la cola. Estas estructuras son sus alas.

Alimentación

Se alimentan, en su mayoría, de insectos y
hay algunos murciélagos que comen semillas,
frutos y néctar de las flores. Hay murciélagos
carnívoros que se alimentan de pequeños
vertebrados, como peces, ranas, ratones y aves.
Sólo tres especies de murciélagos se alimentan
con sangre.

El vuelo

El murciélago es el único mamífero capaz de volar. Otros mamíferos, como algunas ardillas y algunos lémures que llamamos voladores, simplemente planean, pero no vuelan. El murciélago sí vuela. Tiene grandes y poderosos músculos pectorales con los que agita las alas. Y tiene huesos muy ligeros. Es uno de los mejores voladores de la naturaleza, capaz de hacer repentinos quiebres aéreos en una fracción de segundo cuando quiere capturar alguna presa.

Ecocomunicación

Los murciélagos tienen un sistema de ecolocalización que les permite, a partir de sonidos de alta frecuencia, detectar en plena oscuridad obstáculos tan finos como un cabello. Este sistema sonoro es más sofisticado que cualquiera de los que ha desarrollado la ciencia contemporánea. El murciélago se comunica y navega con estos sonidos de alta frecuencia.

Para conseguir pareja usan sonidos especiales y, además, erizan unos pelos característicos que tienen en la cabeza. Los rostros de los murciélagos, que a nosotros nos parecen arrugados y deformes, tienen esta forma porque con ella dirigen los sonidos directamente a los oídos receptores.

Hogares

Tienen una gran capacidad para adaptarse a cualquier tipo de vivienda: una cueva, una mina o un edificio abandonado. Algunos se instalan en los refugios de otros animales, en flores, o en los nidos de las termitas y hay algunos que viven en las grandes redes de las arañas tropicales. Para protegerse de la lluvia, algunos han aprendido a mordisquear las hojas grandes, para doblarlas y convertirlas, así, en sus tiendas de campaña.

Ciclo de vida

Algunos no empiezan a tener crías sino hasta que cumplen dos años de edad y tienen una sola cría al año. Por eso decimos que la reproducción de los murciélagos es lenta. Los más longevos llegan a vivir hasta 34 años.

Migraciones

En general, los murciélagos permanecen en sus lugares de origen, pero hay algunas especies de las regiones frías que migran largas distancias en el invierno, en busca de temperaturas más altas. Todavía no se sabe exactamente cómo se orientan en sus viajes. Los murciélagos son leales a sus lugares de origen y a sus lugares de hibernación, a los que regresan siempre.

Diversidad

Los murciélagos tienen más de 1 400 especies. Esto equivale a un cuarto de todas las especies de mamíferos que existen. En México, hay alrededor de 154 especies y subespecies de murciélagos.

Relaciones sociales

Entre ellos, los murciélagos tienen relaciones sociales. Hay algunas especies que, incluso, tienen "guarderías infantiles" dentro de las cavernas; hay nodrizas que cuidan a las crías mientras las madres salen en busca de comida. Cuando regresan, buscan a sus hijos con sonidos especiales que les permiten encontrar a sus crías aun en medio de miles de gritos agudos y chillidos generales. También se sabe que algunos murciélagos adoptan huérfanos.

Medicina

La ciencia contemporánea ha descubierto que la saliva de una especie de murciélagos se puede usar para disolver coágulos que se han formado y que son peligrosos para las personas porque pueden causarles infartos cerebrales.

Rana
(*Agalychnis callidryas* cf.*)

Rana

Kueyatl

Se infla y canta

¿Qué tiene que ver la extinción de los dinosaurios con las ranas? Aunque la distribución mundial de las ranas se remonta al rompimiento del famoso supercontinente, Pangea, hace unos 200 millones de años, un estudio reciente ha mostrado que la mayoría de los grupos actuales de ranas aparecieron justo después del impacto del meteorito de Chicxulub, que acabó con la mayoría de las especies de dinosaurios y muchos otros grupos de vida.

¿Cómo es esto posible? Después de la catástrofe global, la vida comenzó a renacer. No fue rápido. En cientos de miles de años, la vegetación sobreviviente comenzó a retomar terreno, pero muchas casas quedaron vacías; es decir, muchas de las especies que cumplían ciertos roles ecológicos desaparecieron. Las ranas, con una gran plasticidad, comenzaron a diversificarse ocupando las "casas vacías", como los árboles, al grado que ahora sabemos que el 88% de las especies actuales de ranas aparecieron casi de manera simultánea, hace 66 millones de años. ¿Te imaginas el mundo en aquel entonces?

La rana

En el campo, el silencio en los meses de frío es sorprendente: ¡falta la rana! Deseosa de una vida confortable y como aprecia el calor, cuando hace frío, la rana se entierra bajo el lodo, se mete en el hueco de un árbol caído o deja que una buena roca le ofrezca su abrigo. Y espera silenciosa. Entonces, cuando llega la lluvia, se asoma poco a poco en busca de sus compañeras, encuentran juntas el mejor sitio al lado de un arroyo o, quizá, una laguna y dan inicio al más sonoro concierto colectivo: alegremente húmedo, rítmico y acompasado.

Kueyatl

Kuatitlampaj, kemaj ipoual tlasesejkayotl axtlen titlakakis: ¡poliui kueyatl! Ya kipaktia mokualpanoltis yeka kikualmachilia kemaj tlatotonia, uan kemaj tlaseseya ni kueyatl mosokitooka, kalaki ipan se kuakoyoktli uan nojkia tetsajlaj kuali mochantia. Uan nopanoj mochia san tlamajtok. Teipaj, kemaj ualasi kiauitl iyolik ualtlachia para kintemoua iuampoyouaj, kiasij kampa sansejko itstosej, nechka se atlajtli o uelis se ateskatl uan kipeualtiaj insansejko uikalis: keuak atik uan yekkakisti inpakilis.

Ficha taxonómica

Nombre científico	*Lithobates tlaloci*
Familia	*Ranidae*
Orden	*Anura*
Clase	*Amphibia*
Phylum	*Chordata*
Reino	*Animalia*

Clase *Mammal*
(MAMÍFER

Clase *Synapsi*
(REPTILES PARECIDOS A MAMÍFER

Clase *Sauropsid*
(REPTILES EXTINTOS

Subphylum Vertebrata

Phylum Chordata
(EXISTEN ALREDEDOR DE 27 Phyla MÁS)

REINO ANIMAL

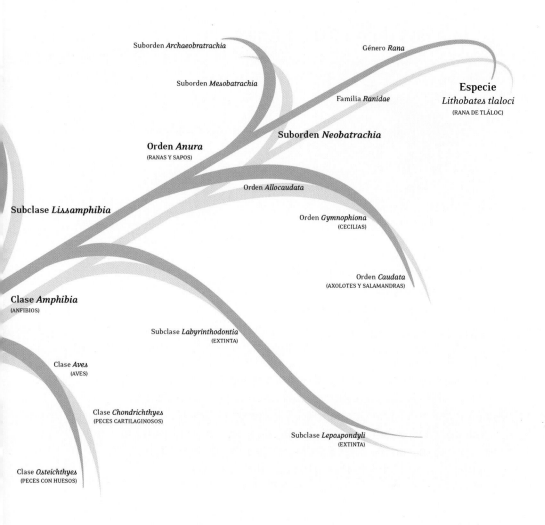

Suborden *Archaeobratrachia*

Género *Rana*

Suborden *Mesobatrachia*

Especie
Lithobates tlaloci
(RANA DE TLÁLOC)

Familia *Ranidae*

Suborden *Neobatrachia*

Orden **Anura**
(RANAS Y SAPOS)

Orden *Allocaudata*

Subclase *Lissamphibia*

Orden *Gymnophiona*
(CECILIAS)

Clase *Amphibia*
(ANFIBIOS)

Orden *Caudata*
(AXOLOTES Y SALAMANDRAS)

Subclase *Labyrinthodontia*
(EXTINTA)

Clase *Aves*
(AVES)

Clase *Chondrichthyes*
(PECES CARTILAGINOSOS)

Subclase *Lepospondyli*
(EXTINTA)

Clase *Osteichthyes*
(PECES CON HUESOS)

El árbol filogenético de la rana

En el árbol filogenético, la misma rama que dio origen a la rana dio origen, entre otros, a los siguientes tres bichos: sapo, renacuajo y cecilia.

Lo que nos dicen las culturas

*Bebe el agua
por la piel*

LA RANA

Algunos nombres de la rana en lenguas indígenas

Muuch, en maya y *Cueyatl,* en náhuatl.

Topónimos

La toponimia es la ciencia que estudia el significado que tienen los nombres de las poblaciones. Los nombres de la ciudad capital del estado de Guanajuato, y de la población de Cuanajo, en el estado de Michoacán, de acuerdo con la lengua purépecha, tienen su origen en la palabra *rana*: Guanajuato significa "lugar rodeado de cerros con forma de rana" y Cuanajo quiere decir "lugar de ranas".

Sensibilidad

Muchas personas han comprobado la sensibilidad de las ranas. Las ranas son capaces de comer de la mano de personas con las que sienten confianza; a cambio, ellas se encargan de mantener limpia la casa de insectos. Pero los testimonios dicen que son celosas y que si entra cualquier otro animal doméstico a la casa, las ranas se van porque no pueden compartir con otros animales los mimos que reciben.

El príncipe encantado

Mito de creación de la cultura tártara,
de los Macizo de Altái, en Asia

La humanidad no conocía todavía el fuego, pero ya lo
necesitaba, ya lo presentía, ya sabía que su vida cambiaría
cuando tuviera fuego. Todos pensaban que el fuego existía
ya en algún lugar, pero no lo encontraban. Entonces, una
rana pequeña y llena de astucia descubrió que el fuego
podía hacerse girando a gran velocidad una vara de abedul
sobre una piedra. Corrió a dar la buena nueva a mujeres y
hombres que, de inmediato, aprendieron a producir su propio
fuego. Desde entonces, ellos son felices y la rana es y será
venerada como aquella que por primera vez trajo el fuego a la
humanidad.

Grandes simuladoras

Vistas desde la perspectiva humana, hay algunas ranas que son
grandes simuladoras. La rana enana que vive en América del Sur, cuando
se asusta, no huye como otros animales: se tira sobre su espalda y se
hace la muerta para que sus enemigos la ignoren. En África, hay una
rana grillo. Le dicen así porque se sienta en las grandes hojas acuáticas
y canta como grillo.

Veneno

A casi todas las ranas les sale por la piel
un líquido lechoso y viscoso que a muchos
desagrada, pero casi nunca es dañino. Existe
una excepción: en Colombia, hay una rana
cuya secreción lechosa es usada por los
pobladores de la selva amazónica para
envenenar sus flechas.

Peligro de muerte

Como para los tsotsiles la rana es mensajera
de los dioses y está relacionada con el trueno
(que anuncia la lluvia como la rana), si una
persona mata a una rana, corre el peligro
de morir a causa de un rayo. Entre los nahuas,
una rana dentro de la casa significa que
alguien puede causar muerte por hechizo
a alguno de los habitantes.

*Las ranas han estado
relacionadas con la
sabiduría y la suerte.*

Tambores de lluvia

En la China antigua y, aún hoy, en Camboya, las personas dibujan
ranas sobre unos tambores de bronce (que recuerdan al trueno)
y los tocan, para llamar a la lluvia.

Empresas rurales

Las ancas de rana son muy apreciadas como platillo delicado en México y en muchos lugares del mundo. Las ancas de rana, servidas en los mejores restaurantes del mundo, son muy cotizadas. Algunos habitantes rurales contemporáneos de nuestro país están iniciando empresas para producir y exportar carne de rana a los mercados internacionales.

Rana de la fortuna, muchas personas le atribuyen beneficios económicos a las ranas.

Aspirar la dicha

La rana tiende a aspirar con frecuencia, por ejemplo, para llenar sus sacos de aire antes de croar. En algunos lugares del Japón se considera que la rana, al aspirar, atrae la dicha para las comunidades.

Rana mexica

Lo que nos dice la Biología

Nacen de huevo

Los batracios nacen de huevecitos que ponen sus madres en medios gelatinosos. Los pueden poner entre el lodo del fondo de las lagunas, en alguna hoja acuática o en las raíces de una planta que crece a la orilla de un río… Cualquier lugar es bueno para poner los huevos, siempre que esté en contacto con el agua. Hay algunas ranas (machos y hembras, según la especie) que cargan sus huevecitos en la espalda mientras se desarrollan y crecen los batracios.

Hábitat

Las ranas no pueden vivir lejos del agua; los charcos, los pantanos, los pastizales lodosos, los ríos y los arroyos son sus lugares favoritos. Son animales acuáticos cuando nacen convertidos en pequeños renacuajos, y son animales terrestres cuando crecen, cuando se transforman en ranas maduras. Por eso decimos que las ranas son anfibios, porque, a lo largo de sus vidas, tienen dos hábitats.

Transformaciones

Como todos los batracios, las ranas no nacen con la forma que tendrán cuando lleguen a ser adultas; las ranas nacen como renacuajos. Cuando salen de sus huevecitos, tienen una inmensa cabeza que funciona como cabeza y como cuerpo a la vez. Y respiran por branquias, como los peces. Los batracios cambian de piel numerosas veces y es frecuente que se coman la piel vieja que desaparece para dar lugar a la nueva. Con el paso del tiempo comienzan a salirles patas y cambian sus branquias por pulmones. Entonces saltan a la orilla del agua e inician su vida como ranas. Al principio, tienen una cola que recuerda el cuerpo que tuvieron cuando fueron renacuajos, pero ésta desaparece. Una rana madura no tiene cola, por eso pertenece al grupo de los anuros, es decir, al grupo de los animales con patas que no tienen cola. Las ranas no alcanzan la edad adulta hasta que tienen tres o cuatro años.

Cadena alimenticia

En la tierra, sus enemigos principales son las serpientes y las aves que las consideran un manjar. Lo mismo piensan los peces que se alimentan con ranas cada vez que pueden.

Ellas, en cambio, se alimentan de insectos y lombrices y son capaces de comer renacuajos y ranitas pequeñas.

Acostumbran moverse y buscar sus alimentos al anochecer y, como medida preventiva, pasan el día escondidas en los pastos o en el barro.

La piel

Tienen una piel blanda y elástica, húmeda y viscosa que puede estirarse de una manera extraordinaria. Las ranas no beben agua por la boca, lo hacen a través de la piel. Por eso es frecuente ver ranas inmóviles a la orilla, por ejemplo, de una charca: absorben humedad hasta quedar satisfechas.

Locomoción

A pesar de sus patas, las ranas no caminan, se trasladan arrastrándose con sacudidas breves. Eso cuando no tienen prisa. Pero si otro animal los persigue o quieren llegar pronto, recurren al salto, que es más rápido.

Existen unas ranas llamadas voladoras que viven en los árboles. En realidad, no vuelan, trepan a gran altura y se lanzan al aire. Como tienen unas amplísimas membranas entre los dedos de las patas, éstas les sirven como paracaídas y las llevan flotando hasta tocar la tierra con suavidad.

Ratón
Kimichin

Tímido, veloz y escurridizo

¿Los ratones sienten emociones? En un estudio reciente, investigadores del Instituto Max Planck de Neurobiología reconocieron emociones en ratones, como el placer, el asco, las náuseas, el dolor y el miedo. Se utilizó una máquina de visión artificial y un algoritmo especial. Esto es muy importante, ya que al tener catalogadas las expresiones podremos estudiar los mecanismos que las generan, es decir, se pueden medir la intensidad y la naturaleza de la emoción en milisegundos, y se puede comprender y observar qué áreas del cerebro se activan con cada una de ellas. Poco a poco, los ratones dejan de ser bichos feos, como algunas personas los perciben, y los vamos entendiendo como seres complejos e interesantes.

El ratón

En barcos, como si fueran polizones, llegaron por pimera
vez los ratones a América procedentes de Asia y de Europa.
Llegaron en grandes cantidades, formando verdaderas
legiones. Y se quedaron aquí, se adaptaron. Ahora, los
podemos encontrar por todas partes, haciendo gala
de sus poderosos incisivos que usan sin preocupación
alguna, pues sus dientes crecen y crecen y crecen
mientras ellos vivan.

Kimichin

*Ipan akalmej san ichtakaualajkej ni kimichamej uan ijkinoj
asikoj ipan ni América tlali kistejkej ne Asia uan Europa
tlali. Nelnelia miakej ualajkej san tlasentitok asikoj. Nikaj
mokauakoj uan momatkej.Namaj uelis se kinasis ejelius uan
tikinitas san tlakuajkuajtokej ika tlen tlateki intlankoch,
uan axtlen kinkuesoua maskij intlakoch moskaltia, moskaltia
uan ijkinoj moskaltijtis intlankoch tlaj onyoltosej.*

REINO ANIMAL

Phylum Chordata
(EXISTEN ALREDEDOR DE 27 Phyla MÁS)

Clase *Chondrichthyes*
(PECES CARTILAGINOSOS)

Clase *Osteichthyes*
(PECES CON HUESOS)

Ficha taxonómica

Nombre científico	*Mus musculus*
Familia	*Muridae*
Infraorden	*Myodonta*
Orden	*Rodentia*
Clase	*Mammalia (mamíferos)*
Phylum	*Chordata*
Reino	*Animalia*

Clase *Ave*
(AVES

Clase *Sauropsic*
(REPTILES EXTINTO

Clase *Amphibia*
(ANFIBIOS)

Clase *Synapsida*
(REPTILES PARECIDOS A MAMÍFEROS)

El árbol filogenético del ratón

En el árbol filogenético, la misma rama que dio origen al ratón dio origen, entre otros, a los siguientes tres bichos: capibara, tepezcuintle y cereque.

Orden *Sirenia*
(MANATÍES)

Orden *Proboscidea*
(ELEFANTES)

Orden *Hyracoidea*
(EXTINTO)

Subclase *Marsupialia*

Clase *Mammalia*
(MAMÍFEROS)

Orden *Tubulidentata*
(AARDVAK)

Subclase *Monotremata*

Orden *Xenarthra*
(ARMADILLOS, HORMIGUEROS, ETCÉTERA)

Orden *Insectivora*
(TOPOS, COLUDOS, ETCÉTERA)

Orden *Lagomorpha*
(CONEJOS)

Subclase *Placentaria*

Orden *Primates*
(PRIMATES)

Orden *Dermoptera*
(LEMÚRES VOLADORES)

Orden *Rodentia*
(ROEDORES)

Orden *Desmostylia*
(EXTINTOS)

Infraorden *Myodonta*

Orden *Scandentia*
(PARECIDOS A ARDILLAS)

Orden *Chiroptera*
(MURCIÉLAGOS)

Superfamilia *Muroidea*

Orden *Pholidota*
(PANGOLÍN)

Familia *Muridae*
(EXISTEN OTRAS 6 FAMILIAS)

Orden *Carnivora*
(OSOS, LOBOS, ETCÉTERA)

Orden *Perissodactyla*
(CABALLO, TAPIR, ETCÉTERA)

Orden *Cetacea*
(BALLENAS)

Género *Mus*

Orden *Artiodactyla*
(JIRAFA, CAMELLO, ETCÉTERA)

Especie
Mus musculus
(RATÓN COMÚN)

Lo que nos dicen las culturas

Ojos brillantes y saltones que, en realidad, no miran

EL RATÓN

Transformaciones

Como los sapos, permanecen escondidos cuando no hay agua y salen cuando comienzan. En la cultura bámbara, de África, las personas piensan que los ratones se transforman en sapos durante la estación de las lluvias. Algunos grupos tseltales y tsotsiles piensan que los ratones se transforman en murciélagos.

Mediadores

En otras culturas de África, los ratones cumplen funciones subterráneas en la relación que las personas tienen con el mundo de lo sagrado.

Gastronomía

Así como en muchos países de Asia, los tseltales y los tsotsiles preparan guisos tradicionales usando la carne de los ratones. Tienen técnicas de ahumado que les permiten conservar esta carne cuando no la van a consumir de inmediato. Pueden comerse la carne de ratón asada o pueden cuecerla en caldo, con verduras, chiles secos y cilantro. El *vokol ich* es una antigua receta de tamal con carne de ratón.

El ratón de campo
Cuento de dominio popular

Había una vez un ratón de ciudad que vivía mandando cartas a su primo del campo para que viniera a visitarlo. Estaba orgulloso de la ciudad, de sus construcciones, de sus adelantos. Por fin lo convenció. Un día llegó a la ciudad el ratón de campo. Sin embargo, lo que encontró no era nada placentero: los automóviles casi lo arrollaron; un camión le aventó su escape en la cara; desde un camión que pasaba le arrojaron una bolsa con basura; cayó en una coladera y por poco se ahoga en la más sucia de las aguas... Por fin llegó a la casa del primo. No desempacó sus cosas, sencillamente dijo: "¡Me voy de aquí, amable primo, ni mi corazón, ni mis pulmones, ni mis ojos, ni siquiera mi ánimo resisten esta vida! Ven conmigo al campo para que conozcas mis soles, mis aires, mis paisajes". Pero el primo no quiso acompañarlo. Es que nunca había estado en el campo.

Lo que nos dice la Biología

Algunos parientes

El ratón pertenece al orden de los roedores, animales que con sus dientes incisivos viven royendo lo que encuentran en su camino. Llegan a tener hasta 30 sesiones de comida al día. Otros roedores son, por ejemplo, la rata, la ardilla, el castor, el puercoespín, la tuza, la marmota, o el perrito de la pradera.

Los dientes y las muelas

Los ratones tienen cuatro dientes al frente: dos en la mandíbula superior y dos en la inferior. Y también tienen, en la parte posterior, varias muelas anchas. Entre los dientes y las muelas hay una región vacía. No tienen dientes laterales ni colmillos.

Los dientes delanteros son anchos, afilados y tan largos, que casi en todos los casos se ven a pesar de que los ratones tengan el hocico cerrado. Con ellos cortan, mientras que trituran con las muelas. A pesar de usar sus dientes de manera casi constante, éstos no se acaban, porque tienen un crecimiento constante a lo largo de toda su vida.

Su cuerpo

Los ratones son pequeñitos, miden alrededor de 7 o 10 cm de largo. Tienen una cola larga y con poco pelo. Son capaces de trepar por paredes verticales de ladrillo o cemento, y cuando se asustan, saltan a alturas y distancias asombrosas. Además, son capaces de escurrirse apretando su cuerpo para pasar por orificios de hasta 1 cm de diámetro o por debajo de puertas aparentemente infranqueables.

Reproducción

Los ratones están en todas partes, porque son capaces de adaptarse a todas las condiciones imaginables y porque se reproducen con mucha velocidad y frecuencia. Los ratones que viven en casas se reproducen alrededor de cinco veces al año y tienen cinco o seis crías en cada camada. Los que viven en almacenes, por ejemplo, de carne o grano, alcanzan a tener hasta 8 o 10 camadas al año. Las crías dejan de mamar, aproximadamente, a los dieciocho días y, al cumplir seis semanas, empiezan a criar. Tienen un promedio de vida de tres años, y algunos ratones de laboratorio logran vivir hasta seis años.

Resistencia

Los ratones son capaces de resistir tanto las altas temperaturas como las bajas. Se les ha descubierto en almacenes de carne refrigerados a temperaturas de menos de cero grados centígrados.

Sus grupos sociales

Cuando la población es poca y hay pocos ratones en una misma área, su organización social es casi inexistente: cada ratón hace lo que prefiere. Sin embargo, cuando la población aumenta, los ratones se organizan alrededor de un macho que asume el mando y al que todos obedecen.

Hábitat

Podemos decir que muchas especies de ratón son domésticas, no porque formen parte de la vida social de las familias –como lo hacen los perros, los gatos y, en ocasiones, otros animales, como los colibríes que llegan a beber a una misma casa a diario–, sino porque para su alimentación necesitan a las personas, pues comen las semillas que las personas cosechan y acopian en graneros, las raíces del maíz que siembran, la carne que almacenan o la basura que desechan. También son domésticos porque se protegen en casas, almacenes y edificios de los muchos enemigos que tienen porque resultan para ellos un

alimento deseado. Existen ratones de campo, pero es frecuente
que vivan cerca de las granjas y ranchos.

Los sentidos

Los ratones son famosos por sus grandes ojos, que algunos han descrito
como brillantes abalorios, pero, en realidad, son miopes. Tal vez a plena
luz del día logren ver a 5 cm de distancia. Los oídos de los ratones
perciben sonidos de alta frecuencia que las personas no podemos
escuchar. Se guían por el oído y por el olfato, y prefieren salir de sus
guaridas en las noches. Para defender su territorio de otros ratones,
lo marcan con orina, por eso es que los lugares infestados con ratones
tienen un olor fuerte y, para muchos, desagradable.

Cadena alimenticia

En la cadena alimenticia animal, los ratones desempeñan una parte
importante. Son un manjar preferido, entre otros animales, por búhos,
halcones, comadrejas, armiños, zorros, gatos, cornejas, ratas y ni
qué decir de las serpientes, que los consideran su principal fuente
de alimentación, especialmente cuando los ratones viven en el campo.
Los ratones son tímidos, no saben competir con otros animales.
Por eso buscan la protección de construcciones humanas, como silos,
almacenes, barcos y casas.

Una cuna que se mece

Hay un ratón tan pequeñito que se necesitan
doscientos de ellos para alcanzar un kilo
de peso. Se conoce como ratón inglés. Este
ratón teje un nido redondo hecho con pajas
y hierbas y lo cuelga entre los tallos del maíz.
No usa este nido para vivir en él, lo usa como
cuna para sus crías. Los ratoncitos se acurrucan
en el nido y el viento los mece, como si
estuvieran en una ligera cuna.

Tarántula
(*Grammostola rosea* cf.)

Tarántula
Tliltocatl

Extraña fabricante de seda

¿Tarántulas azules? Mucho se ha descubierto al respecto de las tarántulas durante los últimos años. Se han descubierto nuevas especies y entre lo más emocionante están sus variados colores. Las tarántulas son animales que pasan gran parte de su vida bajo tierra y su visión no es la mejor de todas, esto haría pensar que no cuentan con colores muy vívidos, como suele suceder con animales semejantes. Por ejemplo, nunca veremos a un topo vestido con colores de carnaval. Sin embargo, por sorpresa, las tarántulas vienen en casi todos los colores del arcoíris: hay amarillas, verdes, anaranjadas, rojas, rosadas, ¡incluso azules! En un trabajo científico de 2020, se encontró que las tarántulas han sido verdes o azules por millones de años, que la aparición de estos colores se relaciona con los hábitos arborícolas de algunas especies y ¡tienen mucha mejor visión para los colores de lo que creíamos! Increíble ¿no?

La tarántula

De las tarántulas se dice que están habitadas por almas errantes, que son seres oscuros terroríficos, máquinas de licuefacción perfecta que no dejan una partícula sólida en las víctimas que atrapan para alimentarse, o que tienen misteriosos y múltiples poderes mágicos. En medio del debate, ellas, con su apariencia suave y afelpada, su paso sostenido y su escasa capacidad para hacer daño a las personas, fabrican hermosos hilos de seda, como cristales.

Tliltocatl

Moijtoua para ni tlikoltokamej keuak se tetonalnejneminij pampa inijuantij tlauel temajmatijkej uan keuak tlaxokuechouanij pampa kintlami payanaj tlen kininkuaj. Nojkia moijtoua para ni tlikoltokamej kimatij tetlajchiuilistli. Kejni moijtoua, pero inijuantij kej ixnesij: alaxtikej uan pochontikej, amo nelia tetlajtlakouiaj san kichiuaj yejyektsij uan tsalantik inikpayo.

Ficha taxonómica

Nombre científico	*Tliltocatl vagans*
Familia	*Theraphosidae*
Infraorden	*Mygalomorphae*
Orden	*Araneae*
Clase	*Chelicerata*
Phylum	*Chordata*
Reino	*Animalia*

Orden *Uropig*

Orden *Schizomida*
(ESQUIZÓMIDOS)

El árbol filogenético de la tarántula

En el árbol filogenético, la misma rama que dio origen a la tarántula dio origen, entre otros, a los siguientes tres bichos: alacrán, vinagrillo y canclo.

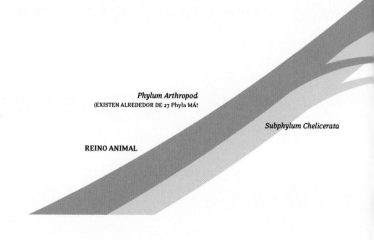

Phylum Arthropod
(EXISTEN ALREDEDOR DE 27 Phyla MÁS

Subphylum Chelicerata

REINO ANIMAL

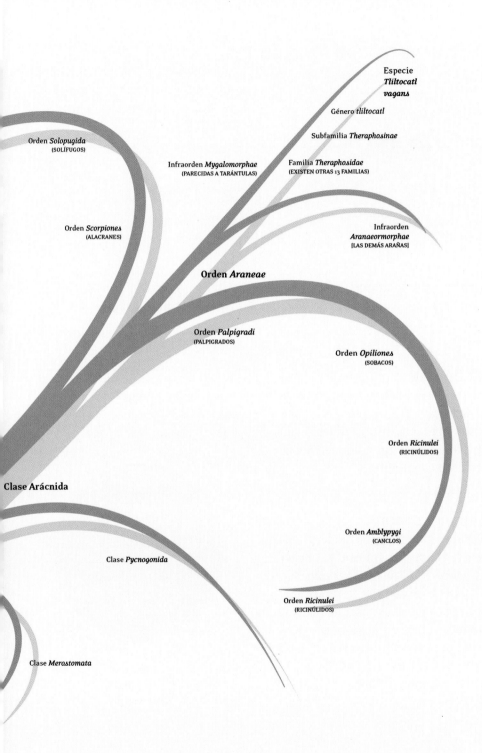

Especie
*Tliltocatl
vagans*

Género *tliltocatl*

Subfamilia *Theraphosinae*

Orden *Solopugida*
(SOLÍFUGOS)

Infraorden *Mygalomorphae*
(PARECIDAS A TARÁNTULAS)

Familia *Theraphosidae*
(EXISTEN OTRAS 13 FAMILIAS)

Orden *Scorpiones*
(ALACRANES)

Infraorden
Aranaeormorphae
[LAS DEMÁS ARAÑAS]

Orden *Araneae*

Orden *Palpigradi*
(PALPIGRADOS)

Orden *Opiliones*
(SOBACOS)

Orden *Ricinulei*
(RICINÚLIDOS)

Clase Arácnida

Orden *Amblypygi*
(CANCLOS)

Clase *Pycnogonida*

Orden *Ricinulei*
(RICINÚLIDOS)

Clase *Merostomata*

195

Lo que nos dicen las culturas

Tiene ocho ojos y un hambre gigante

LA TARÁNTULA

Tokatl significa "araña", en la lengua náhuatl.
Los mayas de la península de Yucatán llaman a la tarántula *chiwoj*
y también *chiich*.

Un fino rocío
A la tarántula del género *Aphonopelma*, los nahuas la llaman
Ajuachtokatl, que quiere decir "araña rociada". Esto es porque,
en las mañanas, esta tarántula amanece cubierta por un fino rocío
que conserva suspendido entre las
sedas de su cuerpo.

Atabales sonoros
Algunas comunidades nahuas
de los estados de Guerrero, Jalisco
y Michoacán llaman *Tlalueuetl*
(atabal de la tierra) a la tarántula
Brachypelma smithi porque acostumbra
golpear la tierra con su cuerpo,
levantándose sobre sus patas
y dejándose caer con ritmo y
de manera persistente.

Mictlantecuhtli,
El Señor de los Muertos

La tarantela

Cuenta la leyenda que, en la Edad Media, en Tarento, una pequeña ciudad del sur de Italia, cuando una tarántula inyectaba veneno a una persona, la víctima tenía que danzar de manera cada vez más rápida, sin detenerse, hasta perder el aliento. En su danza, el pueblo completo la acompañaba. Algunos danzaban a lo largo de uno o dos días seguidos. Creían que, al sudar, expulsarían el veneno. Ahora sabemos que el veneno de las tarántulas no causa un daño grave a las personas. Sin embargo, éste es el origen del nombre tarántula y éste es el origen de la famosa danza italiana tradicional que conocemos como tarantela.

Polvo de tarántula

Siguiendo el principio de que negativo y negativo puede convertirse en positivo y mostrando una gran capacidad de riesgo, algunas comunidades indígenas les dan a comer tarántula seca y molida a las personas que están al borde de la muerte. Apuestan a que al sumar enfermedad más tarántula (como símbolo de muerte), tal vez logren obtener salud como resultado.

Para las culturas prehispánicas, la vida y la muerte eran una dualidad necesaria.

Un sueño

En algunas culturas indígenas de Mesoamérica, soñar con una tarántula que carga a sus hijas en la espalda significa que la persona que sueña asistirá a un entierro.

Protagonistas del horror

Debido a sus fuertes mandíbulas capaces de exprimir a las presas, al gran tamaño que tienen las tarántulas en relación con sus parientes las arañas y al aspecto feroz que puede tener su prosoma, o parte delantera del cuerpo, algunos cineastas han utilizado a las tarántulas como protagonistas de emocionantes películas de horror en las que se convierten en peligrosas villanas.

El inframundo

Por su aspecto y porque viven en cuevas bajo la tierra, algunas culturas indígenas mesoamericanas relacionan a las tarántulas con el inframundo, con las tinieblas, con la oscuridad y con la muerte. Los mexicas antiguos las relacionaban con el poderoso dios de los muertos: *Mictlantecuhtli*.

Una nebulosa

En el tramo de universo que conocemos, existe una hermosa nebulosa que se llama la *Nebulosa Tarántula*.

Lo que nos dice la Biología

Los ojos

Tienen ocho ojos, normalmente agrupados en un tubérculo ocular.
Sin embargo, su vista es pobre, sólo perciben los movimientos
y los cambios de luz. A cambio, tienen unas estructuras en forma
de "pelo" (llamadas setas) que les sirven para sentir, oler y saborear
a sus presas.

El veneno

Se alimentan de otros animales: insectos,
arácnidos y hasta crías de ratón. Atrapan
todo lo que se mueve y, luego, su cerebro
(distribuido alrededor del esófago) les
avisa si lo que atraparon es alimento o
no lo es. Cuando su cerebro les dice "¡es
alimento!", de inmediato las tarántulas
encajan en sus presas dos grandes
colmillos y, a través de ellos, les inyectan
un poderoso veneno y les ayuda a digerir
a su presa. Este veneno no es peligroso
para los humanos.

En una bolsa de seda

Las hembras fecundadas
depositan cientos de huevecillos
en una bolsa de seda (el ovisaco)
que recuerda una pelota de golf.
En ocasiones, cuando nacen y
mientras crecen, las crías avanzan
en fila india con su madre, pero
es frecuente que, al nacer, se
dispersen.

Longevidad
Los machos viven seis o siete años. Éste es el tiempo que les toma llegar a la madurez sexual. Después de aparearse, generalmente mueren. Las hembras son longevas: llegan a vivir hasta 25 años.

Hábitat
Las tarántulas habitan en muchos ecosistemas diversos y abundan en las regiones tropicales.

Sedas urticantes
Tienen un parche de sedas urticantes sobre su cuerpo. Para defenderse de sus enemigos, raspan a contrapelo este parche y las sedas se rompen y vuelan. Entonces, se produce una nube de pelos urticantes que irrita al enemigo y lo confunde.

La casa de las tarántulas
Hay algunas especies que viven en cuevas subterráneas que ellas mismas construyen, mientras que otras especies viven en los árboles, en refugios de seda.

Alimento
Cuando las tarántulas son jóvenes, constituyen parte de la dieta común de grillos, lagartijas, aves, serpientes y también de otros arácnidos. Sin embargo, cuando llegan a ser adultas, ya muy pocos animales se las comen. En cambio, ellas se convierten en feroces depredadoras.

La digestión

Como las tarántulas no pueden ingerir partículas sólidas, exprimen entre sus colmillos a sus presas y, además, las llenan con una saliva que las licuefactúa. Todo este jugo lo succionan con una bomba que tienen en el estómago. Así se alimentan las tarántulas.

Sobre los autores

Roberto Rojo

Desde muy pequeño tuvo una gran curiosidad por los animales que encontraba en sus constantes búsquedas por el campo, los bosques, jardines y parques que tenía la oportunidad de visitar.

A los siete años, formó su primera colección entomológica (de insectos) para observarlos de cerca y más detalladamente.

En la adolescencia, buscaba siempre la forma de salir de la ciudad para recorrer los bosques y desiertos en busca de bichos.

Esta pasión lo llevó a estudiar la carrera de Biología y de enrolarse de inmediato como voluntario en el Vivario, Laboratorio de Herpetología de la Facultad de Estudios Superiores de la UNAM. Allí aprendió, durante dos años, el manejo de muchas especies de reptiles y anfibios, como ajolotes, cocodrilos y serpientes venenosas, entre muchos otros. Durante su carrera realizó proyectos con bacterias, alacranes, insectos asociados a cadáveres y ajolotes.

Realizó su tesis con dos especies de tarántulas en la selva baja de la costa de Jalisco y durante ese tiempo colaboró en proyectos con el cocodrilo de río, jaguar, puma, ocelote, zorra gris, tortuga marina, diversidad de reptiles y telemetría de cotorros. Posteriormente, trabajó en proyectos con el mono aullador, en la selva de Calakmul, el cocodrilo de río, en la reserva de Banco Chinchorro, en el mar Caribe, y de diversidad de arañas en el manglar de Chiapas.

Es espeleólogo y ha participado en la exploración de cuevas en Querétaro, la sierra negra de Puebla y tubos de lava en Morelos. Ha bajado al sótano de las golondrinas en San Luis Potosí y a muchas otras cuevas y sótanos. Ha viajado a más de 45 países, donde nunca pierde la oportunidad de visitar reservas naturales y zoológicos para conocer la fauna local. Ha expuesto sus trabajos en congresos nacionales e internacionales en la República de Sudáfrica, Brasil, Argentina, Uruguay y Bélgica.

Es conductor de las series televisivas "En busca de bichos" y "Zoológicos en acción", de Canal Once del Instituto Politécnico Nacional, grabadas en 14 estados de la República. Concluyó todos los créditos de la maestría de Recursos Naturales en el Colegio de la Frontera Sur en Chetumal, Quintana Roo, y, actualmente, es director del Complejo Científico, Tecnológico y Cultural Planetario Sayab, en Playa del Carmen, Quintana Roo.

Luz María Chapela

Dedicó gran parte de su vida a propiciar la divulgación.
En esta línea, fue maestra de grupo, fundadora y directora
de escuelas, conferencista, creadora de modelos que
propician el desarrollo social, trabajadora de campo
y autora de numerosos libros que hablan de los jóvenes,
la sexualidad, el juego, los animales o el maíz, entre otros
temas. También trabajó para propiciar, dentro de sus
limitaciones, el florecimiento de los pueblos indígenas
de México. En esta línea, fue asesora de la Coordinación
General de Educación Intercultural y Bilingüe de la
Secretaría de Educación Pública, que tiene entre sus
objetivos propiciar que aparezcan, ante la vista de todos,
rasgos específicamente valiosos de las culturas indígenas
nacionales contemporáneas. Realizó sus primeros textos
para los Libros del Rincón en los años ochenta y fue
autora de cuentos, cantos, juegos, ejercicios y poemas
publicados en distintas editoriales públicas y privadas
del país y también de Bolivia, Brasil y Nueva York.

Alonso López Mar

Nació en La Pita Ixhuatlán de Madero, Veracruz, lugar donde sólo se hablaba el náuatl, y por lo tanto, era la única lengua que él conocía. Cuando entró a la escuela, su maestro le prohibió hablar su lengua materna, tal vez por eso le costó mucho trabajo aprender el español.

Cuando terminó su educación básica se convirtió en maestro bilingüe y enseñó a leer y escribir a sus alumnos en su lengua materna.

Desde entonces inició con sus estudios para conocer más sobre la cultura y lengua náuatl y así poder defender y contribuir en el desarrollo de nuestras raíces culturales.

Creó, junto con algunos compañeros, la Organización de Profesionistas Indígenas Nauas, A.C. donde también, con otros conocedores de la lengua náuatl, se formuló el alfabeto que ahora muchos utilizan.

Ha ocupado varios cargos de responsabilidad en educación indígena y actualmente colabora en una dependencia donde se impulsa, a través de la educación, el conocimiento, la valoración y el desarrollo de las culturas y las lenguas de todos los mexicanos.

Tlakatki ne La Pita Isuatlaj tlatilantli tlen Veracruz tlali, kampa san nauatlajtoli motekiuiyaya uan ya san yanopa kimatiaya. Kemaj kalajki ipan tlamachtilkali itlamachtijkaj amo kikauilij ma kitekiui inauatlajtol uan yeka tlauel ouij kiyejyekok kaxtiltekatlajtoli.

Teipaj kitlamiltij tlen se ixelka tlamachtilistli uan mochijki maseualtlamachtijketl. Kinmachtij konemej ma tlaixpouakaj uan ma tlajkuiloka ika inneltlajtol.

Nojkia pejki kitejteemouilia kenijkatsaj achiok kuali kiixmatis nauatlajtoli uan nauanemilistli para uelis kimanauis uan kicha-manaltis tlen tomaseualneluayo.

Kiyolitij, iniuaya sekinok iuampayouaj, nopa "Nechikolistli tlen nauatlajtouaj maseualtlamachtianij" kampa, nojkia iniuaya sekinok nauaixtlamatianij, mokualtlalij ni nauatlajkuilolmochiotl tlen namaj timiakej tijtekiuiaj.

Tekipanotok ika miak tlanauatili ipan maseualtlamachtilistli.

Namaj ya tekipanoua ipan se tlanauatilkali kampa motejteemolia kenijkatsaj ika tlamachtilistli ueliskia ma moixmati, ma momalui uan ma moyolchikaua tonemilisuaj uan totlajtoluaj tlen nochi ni timexkoeuanij.

Identificación de imágenes

Nueva España, edición completa en facsímile colorido del *Códice Florentino* que se conserva en la Biblioteca Laurenzio-Medicea de Florencia, Italia. México, Museo Nacional de Arqueología, Historia y Etnografía, 1926, V. 5, Lám. XII, Fig.26.

p. 33 arriba y abajo. Ajolotes, *La naturaleza IV*, José María Velasco, tomado de Elías Trabulse, *Arte y ciencia en la historia de México*, México, Fomento Cultural Banamex, A.C., 1995, p. 162.

p. 43. Predicación del fuego nuevo con la frotación de los maderos, en Vicente Riva Palacio (dirección general), *México a través de los siglos*, México, Cumbre, 1953, p. XV, p. 221.

p. 44 arriba. Representación de Alacranes según los códices Borgia, Fejérvary-Mayer, Laud y Nuttall.

p. 44 abajo. Mictlantecuhtli, Museo del Templo Mayor, Foto: Zabé–Tachi.

p. 45 abajo. Picadura de un alacrán en Fray Bernardino de Sahagún, *Historia general de las cosas de Nueva España*, edición completa en facsímile colorido del *Códice Florentino* que se conserva en la Biblioteca Laurenzio-Medicea de Florencia, Italia. México, Museo Nacional de Arqueología, Historia y Etnografía, 1926, V. 5, Lám. XCI, Fig.284.

p. 49. Morfología general de un alacrán, en Beutelspacher Baigts, Carlos Rommel, *Catálogo de los Alacranes de México*, México, Universidad Michoacana de San Nicolás Hidalgo, 2000, p. 9.

p. 68 abajo. Silbato en forma de caracol, Museo Nacional de Antropología, tomado de *Arqueología Mexicana*, Edición Especial, núm.15, Sala Maya Museo Nacional deAntropología. México, Raíces S.A. de C.V., octubre 2003, p.59.

p. 67. Los caracoles eran instrumentos musicales usados por los mexicas, así lo narra Sahagún en *Historia general de las cosas de Nueva España*, edición completa en facsímile colorido del *Códice Florentino*, que se conserva en la Biblioteca Laurenzio-Medicea de Florencia, Italia. México, Museo Nacional de Arqueología, Historia y Etnografía, 1926, V. 5, Lám. LI, Fig. 88.

p. 68 arriba. Caracol, en Fray Bernardino de Sahagún, *Historia general de las cosas de la Nueva España*, edición completa en facsímile colorido del *Códice Florentino* que se conserva en la Biblioteca

Laurenzio-Medicea de Florencia, Italia. México, Museo Nacional de Arqueología, Historia y Etnografía, 1926, V. 5, Lám. LXXXVI, Fig. 198.

p. 68 abajo. Caracol, Museo del Templo Mayor. Foto: Zabé–Tachi.

p. 69 arriba. Diversos tipos de conchas y caracoles, en Fray Bernardino de Sahagún, *Historia general de las cosas de Nueva España*, edición completa en facsímile colorido del *Códice Florentino* que se conserva en la Biblioteca Laurenzio-Medicea de Florencia, Italia. México, Museo Nacional de Arqueología, Historia y Etnografía, 1926, V. 5, Lám. CXXVI. Fig. 789.

p. 69 abajo. Vaso maya en forma de caracol marino, con vertedera, *Museo de Antropología* Carlos Pellicer, Villahermosa, Tabasco.

p. 81. Huitzilopochtli, en Vicente Riva Palacio (dirección general), *México a través de los siglos*, México, Cumbre, 1953, p. 12.

p. 82 arriba. Representación de Huitzilopochtli, en Vicente Riva Palacio (dirección general), *México a través de los siglos*, México, Cumbre, 1953, p. 133.

p. 82 abajo. Copa del colibrí, en Martha Carmona Macías, Oaxaca, México, Conaculta-INAH, Lunwerg editores, 2004, p. 38. Foto: Proyecto México, Jorge Pérez de Lara.

p. 84 abajo. Colibríes, en José María Velasco, *La naturaleza III*, tomado de Elías Trabulse, *Arte y ciencia en la historia de México*, México, Fomento Cultural Banamex, A.C., 1995, p. 173. p. 47 ab. Colibríes, en Fray Bernardino de Sahagún, *Historia general de las cosas de la Nueva España*, edición completa en facsímile colorido del *Códice Florentino* que se conserva en la Biblioteca Laurenzio-Medicea de Florencia, Italia. México, Museo Nacional de Arqueología, Historia y Etnografía, 1926, V. 5, Lám. CXXVI, Fig. 61.

p. 95 arriba. Ciclo de vida de la garrapata generalizado, en Cooper, McDougall y Robertson Inc., *Control de las garrapatas del ganado vacuno*, México, Centro Regional de Ayuda Técnica, 1974, p. 6.

p. 95 abajo. Ciclo de vida de la garrapata del ganado vacuno de un solo huésped, en Cooper, McDougall y Robertson Inc., *Control de las garrapatas del ganado vacuno*, México, Centro Regional de Ayuda Técnica, 1974, p. 10-11.

p. 104. Diversos objetos que se usan para procesar la grana, en "Beneficio de la grana cochinilla", José Antonio Alzate, *Memoria sobre la naturaleza y cultivo de la grana*, Archivo General de la Nación, tomado de Elías Trabulse, *Arte y ciencia en la historia de México*, México, Fomento Cultural Banamex, A.C., 1995, p. 97.

p. 105 arriba. Penca del nopal con grana y macho de la cochinilla de macetas, en "Beneficio de la grana cochinilla", José Antonio Alzate, *Memoria sobre la naturaleza y cultivo de la grana*, Archivo General de la Nación, tomado de Elías Trabulse, *Arte y ciencia en la historia de México*, México, Fomento Cultural Banamex, A.C., 1995, p. 97.

p. 105 abajo. Estera o petate con grana expuesta al sol para que se seque / Una olla dentro de otra y entre las dos agua para que muera la grana que se encuentra al interior, en "Beneficio de la grana cochinilla", José Antonio Alzate, *Memoria sobre la naturaleza y cultivo de la grana*, Archivo General de la Nación, tomado de Elías Trabulse, *Arte y ciencia en la historia de México*, México, Fomento Cultural Banamex, A.C., 1995, p. 97.

p. 106. El macho de la grana visto por la parte inferior y superior, y cochinillas vistas con un microscopio, en "Beneficio de la grana cochinilla", José Antonio Alzate, *Memoria sobre la naturaleza y cultivo de la grana*, Archivo General de la Nación, tomado de Elías Trabulse, *Arte y ciencia en la historia de México*, México, Fomento Cultural Banamex, A.C., 1995, p. 96.

p. 107 arriba. Vista de macho de la grana con un microscopio, en "Beneficio de la grana cochinilla", José Antonio Alzate, *Memoria sobre la naturaleza y cultivo de la grana*, Archivo General de la Nación, tomado de Elías Trabulse, *Arte y ciencia en la historia de México*, México, Fomento Cultural Banamex, A.C., 1995, p. 96.

p. 107. Comensales, en Fray Bernardino de Sahagún, *Historia general de las cosas de la Nueva España*, edición completa en facsímile colorido del *Códice Florentino* que se conserva en la Biblioteca Laurenzio-Medicea de Florencia, Italia. México, Museo Nacional de Arqueología, Historia y Etnografía, 1926, V. 5, Lám. XIV, Fig. 43.

p. 118 arriba. En estas escenas se observa de forma recurrente el topónimo de Chapultepec, 1. Establecimiento de Chapultepec, 2. Atlacuihuáyan y Chapultepec, 3. Derrota de los mexica en Chapultepec, en Vicente Riva Palacio (dirección general), *México a través de los siglos*, México, Cumbre, 1953, pp. 35, 37.

p. 119. Representación de un Chapulín, Museo Nacional de Antropología. Grillos, en Fray Bernardino de Sahagún, *Historia general de las cosas de la Nueva España*, edición completa en facsímile colorido del *Códice Florentino* que se conserva en la Biblioteca Laurenzio-Medicea de Florencia, Italia. México, Museo Nacional de Arqueología, Historia y Etnografía, 1926, V. 5, Lám. XCIV, Fig. 324-326.

p. 129. Descripción de una picadura de hormiga, en Fray Bernardino de Sahagún, *Historia general de las cosas de la Nueva España*, edición completa en facsímile colorido del *Códice Florentino* que se conserva en la Biblioteca Laurenzio-Medicea de Florencia, Italia. México, Museo Nacional de Arqueología, Historia y Etnografía, 1926, V. 5, Lám. XCII, Fig. 293.

p. 130. Guerra de Xaltócan y Atzcapotzalco (en esta escena se ven los topónimos de los dos pueblos), en Vicente Riva Palacio (dirección general), *México a través de los siglos*, México, Cumbre, 1953, p. 36.

p. 131 arriba. Hombre frente a una hormiga, en Fray Bernardino de Sahagún, *Historia general de las cosas de la Nueva España*, edición completa en facsímile colorido del *Códice Florentino* que se conserva en la Biblioteca Laurenzio-Medicea de Florencia, Italia. México, Museo Nacional de Arqueología, Historia y Etnografía, 1926, V. 5, Lám. XCII, Fig. 291.

p. 131 abajo. Hormigas, en Fray Bernardino de Sahagún, *Historia general de las cosas de la Nueva España*, edición completa en facsímile colorido del *Códice Florentino* que se conserva en la Biblioteca Laurenzio-Medicea de Florencia, Italia. México, Museo Nacional de Arqueología, Historia y Etnografía, 1926, V. 5, Lám. XCII, Fig. 292.

p. 132 arriba. Hormigas en hormiguero, en Fray Bernardino de Sahagún, *Historia general de las cosas de la Nueva España*, edición completa en facsímile colorido del *Códice Florentino* que se conserva en la Biblioteca Laurenzio-Medicea de Florencia, Italia. México, Museo Nacional de Arqueología, Historia y Etnografía, 1926, V. 5, Lám. XCII, Fig. 297.

p. 132 abajo. Hormigas en un tronco, en Fray Bernardino de Sahagún, *Historia general de las cosas de la Nueva España*, edición completa en facsímile colorido del *Códice Florentino* que se conserva en la Biblioteca Laurenzio-Medicea de Florencia, Italia. México, Museo Nacional de Arqueología, Historia y Etnografía, 1926, V. 5, Lám. XCII, Fig. 296.

p. 144 abajo. Mariposa Cristata, Museo de Ciencias Naturales de Madrid, Expedición botánica de Nueva España, tomado de Elías Trabulse, *Arte y ciencia en la historia de México*, México, Fomento Cultural Banamex, A.C., 1995, p. 116.

p. 149 arriba. Mariposa, en La Naturaleza I, tomado de Elías Trabulse, *Arte y ciencia en la historia de México*, México, Fomento Cultural Banamex, A.C., 1995, p. 158.

p. 145. Mariposas Jatrophae, Museo de Ciencias Naturales de Madrid, Expedición botánica de Nueva España, tomado de Elías Trabulse, *Arte y ciencia en la historia de México*, México, Fomento Cultural Banamex, A.C., 1995, p. 116.

p. 146 abajo. Mariposas, en *La Naturaleza I*, tomado de Elías Trabulse, *Arte y ciencia en la historia de México,* México, Fomento Cultural Banamex, A.C., 1995, p. 158.

p. 147. Mariposas Quinatzin, Museo de Ciencias Naturales de Madrid, Expedición botánica de Nueva España, tomado de Elías Trabulse, *Arte y ciencia en la historia de México*, México, Fomento Cultural Banamex, A.C., 1995, p. 116.

p. 147 abajo. Mariposa en Fray Bernardino de Sahagún, *Historia general de las cosas de la Nueva España*, edición completa en facsímile colorido del *Códice Florentino* que se conserva en la Biblioteca Laurenzio-Medicea de Florencia, Italia. México, Museo Nacional de Arqueología, Historia y Etnografía, 1926, V. 5, Lám. XCIV, Fig. 315.

p. 148 arriba. Mariposas Phalacna Macularia, Museo de Ciencias Naturales de Madrid, Expedición botánica de Nueva España, tomado de Elías Trabulse, *Arte y ciencia en la historia de México*, México, Fomento Cultural Banamex, A.C., 1995, p. 116.

p. 148 abajo. Mariposa Festiva, Museo de Ciencias Naturales de Madrid, Expedición botánica de Nueva España, tomado de Elías Trabulse, *Arte y ciencia en la historia de México*, México, Fomento Cultural Banamex, A.C., 1995, p. 116.

p. 159. Topónimo de Tzinacanoztoc, en Vicente Riva Palacio, (dirección general), *México a través de los siglos*, México, Cumbre, 1953, p. 58.

p. 160 arriba. Representación del dios Murciélago, cultura zapoteca, en Martha Carmona Macías, Oaxaca, México, Conaculta-INAH, Lunwerg editores, 2004, p. 12. Foto: Proyecto México, Ignacio Guevara.

p. 160 centro. Cabeza de murciélago, cultura Zapoteca, en Martha Carmona Macías, Oaxaca, México, Conaculta-INAH, Lunwerg editores, 2004, p. 31. Foto: Proyecto México, Jorge Pérez de Lara.

p. 160 abajo. Murciélagos, en Traugott Bromme, *Atlas sistemático de historia natural*, Madrid, Imprenta de Rojas y Compañía, 1867, s.p.

p. 161. Pectoral del dios Murciélago, cultura zapoteca, en Martha Carmona Macías, Oaxaca, México, Conaculta-INAH, Lunwerg editores, 2004, p. 27. Foto: Proyecto México, Jorge Pérez de Lara.

p. 173 abajo. Reproducción de rana mexica, C.P. Foto de Saúl Moreno Valdespino.

p. 174 arriba. Rana, en Fray Bernardino de Sahagún, *Historia general de las cosas de la Nueva España*, edición completa en facsímile colorido del *Códice Florentino* que se conserva en la Biblioteca Laurenzio-Medicea de Florencia, Italia. México, Museo Nacional de Arqueología, Historia y Etnografía, 1926, V. 5, Lám. LXXXVIII, fig. 343.

p. 174 abajo. Rana sabia, C.P. Foto de Saúl Moreno Valdespino.

p. 175 arriba. Rana de la fortuna, C.P. Foto de Saúl Moreno Valdespino.

p. 185. Ratones, en Fray Bernardino de Sahagún, *Historia general de las cosas de la Nueva España*, edición completa en facsímile colorido del *Códice Florentino* que se conserva en la Biblioteca Laurenzio-Medicea de Florencia, Italia. México, Museo Nacional de Arqueología, Historia y Etnografía, 1926, V. 5, Lám. LXXVIII, fig. 40.

p. 196. Mictlantecuhtli, el señor de los muertos, cultura mexica, Museo Nacional de Antropología.

p. 197 derecha. Reproducción de la máscara que representa la vida y la muerte, cultura mexica, C.P. Foto de Saúl Moreno Valdespino.

p. 197 izquierda. Picadura de insecto y tarántula, en Fray Bernardino de Sahagún, *Historia general de las cosas de la Nueva España*, edición completa en facsímile colorido del *Códice Florentino* que se conserva en la Biblioteca Laurenzio-Medicea de Florencia, Italia. México, Museo Nacional de Arqueología, Historia y Etnografía, 1926, V. 5, Lám. XCII, fig. 287 y 288.

p. 198 arriba. Propaganda para exposición sobre tarántulas.

Identificación de fotografías

p. 12. Abeja, Photorama en Pixabay.

p. 21. Apis Mellifera, en Alamy, Victor H. Luja.

p. 22. Apis Mellifera Carnica, Victor H. Luja.

pp. 23. Abeja, foto 1 y 2, Victor H. Luja.

p. 24. Ajolote. LaDameBocolique en Pixabay.

pp. 32, 34 y 37. Ajolote, tomado de National Audubon Society Field Guide to North American Reptiles and Amphibians, Chantideer Press Inc., 1997.

p. 36. Alacrán, Sina Katira Chi para Unplash.

p. 45. Alacrán en Pixabay.

p. 46 y 47. Alacrán, Victor H. Luja.

p. 50. Cara de niño en Pxfuel.

p. 57. Cara de niño en Pxfuel.

p. 58. Cara de niño, Nuria Lagarde de Lira.

p. 60. Caracol, Daniel Neal, usada bajo la licenicia CC2.0.

p. 66 y 68. Caracol, H. Bahena.

pp. 70, arriba, izquierda y derecha y 71. Caracol, Neil Fletcher, tomado de Donald T. Bosch, S. Peter Dance et al., Seashells of Eastern Arabia, London, Motivate Publishing, 1995. Colibrí, Biólogo Fernando Urbina Torres.

p. 72 y 73. Caracoles, H. Bahena.

p. 74. Colibrí, Pexels en Pixabay.

p. 75. Colibries, Biólogo Fernando Urbina Torres.

p. 84. Cynantrus latirostris, en eBird, Biólogo Fernando Urbina Torres.

p. 86. Garrapata, Erik Karits en Pixabay.

p. 93. Garrapara, Biólogo Armando Burgos.

p. 97 arriba y abajo. Garrapatas en Pxhere.

p. 98. Grana cochinilla, Capilo G4 Users, usada bajo la licencia CC3.0

p. 108 y 109. Grana cochinilla, Biólogo Armando Burgos.

p. 110. Grillo, Dane Sam en Pexels.

p. 120 arriba (derecha e izquierda). Grillos en Pxhere.

p. 121. Grillo en Pxhere.

pp. 122. Hormigas, Michael Willlinger en Pexels.

pp. 133. Hormiga, Biólogo Armando Burgos.

p. 134. Arriba (derecha e izquierda). Hormigas en Pxhere.
        Abajo. Hormiguero, Biólogo Armando Burgos.

p. 135, 136 y 137. Hormiga, Biólogo Armando Burgos.

p. 138. Mariposa, Revieshan en Pexels.

p. 150 arriba. Mariposa, H. Bahena.

pp. 150 abajo y 151. Mariposa, Victor H. Luja.

p. 152. Murciélago europeo, Dust in the Wind en Pixabay.

p. 162 arriba derecha. Murciélago, Victor H. Luja.

pp. 162, 163 y 164. Murciélagos, tomados de Merlin D. Tuttle, America's
        neighborhood bats, Austin, University of Texas Press, 1990.

p. 165. Murciélagos, tomados de Merlin D. Tuttle, America's
        neighborhood bats, Austin University of Texas Press, 1990.

p. 166. Rana, Pexels en Pixabay.

pp. 173, 176 y 177. Rana, Victor H. Luja.

p. 178. Ratón. Alexas Fotos en Pexels.

pp. 186, 187, 188 y 189. Ratón, Victor H. Luja.

p. 190. Tarántula, Steve Roberts en Pixabay.

p. 199. Arriba. Tarándula, Victor H. Luján. Abajo. Tarántula, H. Bahena.

pp. 200 y 201. Tarántulas, Victor H. Luja.

p. 212. Tarántula (tarántula con patas levantadas), H. Bahena.

Bibliografía

ANDERSON, Evan P.; Schiffbauer, James D.; Jacquet, Sarah M.; Lamsdell, James C.; Kluessendorf, Joanne; Mikulic, Donald G., "Stranger than a scorpion: a reassessment of Parioscorpio venator, a problematic arthropod from the Llandoverian Waukesha Lagerstätte", *Palaeontology*. 64 (3): 429-474, 2021.

ALDASORO, M. M., *Los insectos en la cultura hñähñu*, Conaculta, Cultura Hidalgo, 2000, 92 pp.

BAERG, J. W., *The tarantula*, Inglaterra, Fitzgerald Publishing, 1958, 87 pp.

D.B. Weissman, A. G. Vandergast, H. Song, S. Shin, D. D. McKenna, N. Ueshima, *Generic relationships of New World Jerusalem crickets (Orthoptera: Stenopelmatoidea: Stenopelmatinae), including all known species of Stenopelmatus*, Zootaxa 4917, 2021.

FARKAS J. E., Monaghan J. R., "Housing and Maintenance of Ambystoma mexicanum, the Mexican Axolotl", In: Kumar A., Simon A. (eds.) *Salamanders in Regeneration Research. Methods in Molecular Biology*, vol. 1290, Humana Press, New York, NY, 2015.

DOLENSEK N., D. A. Gehrlach, A. S. Klein, N. Gogolla, "Facial expressions of emotion states and their neuronal correlates in mice", *Science*, 3 April, 2020.

FENG Y., D. C. Blackburn, D. Liang, D. M. Hillis, D. B. Wake, D. C. Cannatella, P. Zhang, *Phylogenomics reveals rapid, simultaneous diversification of three major clades of Gondwanan frogs at the Cretaceous-Paleogene boundary*, PNAS, 2017.

GUBERNANTIS, Angelo de, *Mitología zoológica, las leyendas de animales: los animales de la tierra, del aire y del agua*, Alejandría, José J. De Olañeta Editor, 2002.

GUERRA P. A. and S. M. Reppert, *Coldness triggers northward flight in remigrant monarch butterflies. Current Biology*, Published online, February 21, 2013.

HOFFMANN, A., *Animales desconocidos, relatos acarológicos*, FCE, 2001, 127 pp.

El maravilloso mundo de los arácnidos, FCE, segunda edición, 1999, 166 pp.

HUACÚZ, D. C., *Estado de conservación del género Ambystoma en Michoacán*, México, Universidad Michoacana de San Nicolás de Hidalgo, Universidad Nacional Autónoma de México, Secretaría de Medio Ambiente y Recursos Naturales, 2001.

IBÁÑEZ, B., *Artrópodos con importancia en la salud pública*, vol. 2, Instituto Nacional de Diagnóstico y Referencia Epidemiológicos, 1995, 142 pp.

JAMES D. Ellis, Jay D. Evans & Jeff Pettis. 2015. "*Colony losses, managed colony population decline, and Colony Collapse Disorder in the United States*", Journal of Apicultural Research, vol. 49, 2010 - Issue 1: Honey bee colony losses.

JUN-JIE G., F. Montealegre-Z, D. Robert, M. S. Engel, G. Qiao, and D. Ren, *Wing stridulation in a Jurassic katydid (Insecta, Orthoptera) produced low-pitched musical calls to attract females*, PNAS, vol. 109, núm. 10, 2012.

MAGALONI K. D., *The Colors of the New World: Artists, Materials, and the Creation of the Florentine Codex*, Los Angeles, CA: The Getty Research Institute, p. 45, 2014.

MICHELET, Jules, *El insecto*, México, Cien del Mundo, Conaculta, 2000.

MOLINA, Fray Alonso de, *Vocabulario en lengua castellana y mexicana y mexicana y castellana*, México, Porrúa, 1970.

PINCINELLI, Filippo, *El mundo simbólico: serpientes y animales venenosos. Los insectos*, México, El Colegio de Michoacán, Conacyt, 1999.

PRESTON, K. y R. Preston, The natural world of Bugs & Insects, Thunder Bay Press, 2000, 512 pp.

Rubio, M., Scorpions, A complete pet owner´s manual, Barron´s, 2002, 95 pp.

RUPPERT, E. y R. Barnesx, *Zoología de los invertebrados*, McGraw-Hill Interamericana, 1996, 114 pp.

RAM, Prasad Bhusal, James R. O., Eaton, Sayeeda, T. Chowdhury, Christine A. Power, Amanda E. I. Proudfoot, Martin J. Stone, Shoumo

Bhattacharya, "Evasins: Tick Salivary Proteins that Inhibit Mammalian Chemokines", *Trends in Biochemical Sciences*, vol. 45, Issue 2, pp. 108-122, 2020.

RICO-GUEVARA A., Fan T-H, Rubega MA. "Hummingbird tongues are elastic micropumps", *Proc. R. Soc. B*, 2015.

RUY SÁNCHEZ, A. (comp.), *Los insectos en el arte mexicano*, núm. II, México, Artes de México, sin fecha.

TODD, D. V. y R. Raven, *Spiders and scorpions of medical importance. Animal toxins & man*, Pearn, J. Editor, Published by The Division of Health Education and Information, Queensland, Aust., 1981.

SAOIRSE F., V. Saranatha and W. H. Piel, *The evolution of coloration and opsins in tarantulas*, Proceedings of the Royal Society, September, 2020.

TREJO, M., *Guía de seres fantásticos del México prehispánico*, México, Vila Editores, 2004.

VILLANUEVA-GUTIERREZ, R., S. Buchmann, A. J. Donovan y D. Roubik, *Crianza y manejo de la abeja Xunancab en la península de Yucatán*, Ecosur, The Bee Works, University of Arizona, 2005, 35 pp.

WILKINSON G., G. G. Carter, K. M. Bohn, and D. M. Adams, "Non-kin cooperation in bats", Philos Trans R Soc Lond B Biol Sci, feb 5; 371(1687), 2016.

ZAHRADNÍK, J. y M. Chvála, *La gran enciclopedia de los insectos*, Susaeta, 1990, 511 pp.

Sitios de internet

Sitio de la Sociedad de conservación de murciélagos (The bat consevation society), disponible en: <http://www.batcon.org/>

Mariposa monarca, disponible en: https://www.biodiversidad.gob.mx/especies/espPrioritaria/monarca

The Associated Press, https://www.nationalgeographic.com.es/ciencia/tras-legado-edward-o-wilson-gigante-biologia_17714

Bichos

terminó de imprimirse en 2023
en Impregráfica Digital, S. A. de C. V.,
Av. Coyoacán 100-D, colonia Valle Norte,
03103, alcaldía Benito Juárez, Ciudad de México.